Brèves de comptoir
Tome 1
1992

J'AI LU

J.M. GOURIO

Merci Bernard
Sita – Java
Hitler = SS
Autopsie d'un nain
Tue-Tête
Palace
Brèves de comptoir 1989
Brèves de comptoir 1990
Brèves de comptoir 1991
Brèves de comptoir 1992 — *J'ai lu* 3978/**3**
Brèves de comptoir 1993
Brèves de comptoir 1994
La carte des vins
Vous me croirez si vous voulez
10 000 brèves de comptoir
Les coccinelles de l'Etna

J. M. Gourio

Brèves de comptoir

Tome 1

1992

Éditions J'ai lu

Aux comptoirs,
qui reçoivent des coups de coude
toute la journée,
entre les côtes.

LES BONHEURS DU BIEN ENTENDU !

Le patron essuie les verres. Le boucher entre. Sans dire un mot, le patron sert un petit ballon de côtes-du-Rhône. Le soleil dehors brille sur la rue du marché. Un rayon fait comme le boucher, il entre et se pose sur le verre qui s'allume. Le boucher regarde son verre s'illuminer comme une ampoule de la fête. L'énorme boucher, l'énorme patron fixent le petit verre incandescent. Sans quitter le phénomène des yeux, le boucher sort une allumette de la poche de son pantalon, pour ça il doit se battre et se battre dans les replis de ses différents tabliers blancs tachés de gouttelettes de sang. Enfin il attrape l'allumette dans sa poche droite. Maintenant il vire de bord et va se battre contre les surplis de tissu qui barrent l'entrée de la poche gauche. Le boucher fait le marin qui lutte contre les linges. Enfin sa grosse main sort un couteau, un petit couteau à lame fine et à manche de bois, un couteau tout simple qui ne porte pas sur son dos un tire-bouchon. Le boucher approche lentement sa main droite de sa main gauche, ça va chier, et commence à tailler l'allumette en pointe. Le patron le regarde bûcheronner un temps, puis détourne son regard vers l'autre bout du comptoir vide. Le monde ne se bouscule pas ce matin. Tant mieux. Hier soir ça s'est bien bousculé. Le soleil toujours sur le verre fait des artifices colorés, le vin se pare de rouge et de rosé, comme un mélange pas mélangé. Le boucher a fini la pointe et se cure les dents. Il a un bout de pâté coincé là, presque au fond. C'est pour ça qu'il s'apprête à boire son ballon, le boucher, c'est parce qu'il a mangé du pâté, du pâté qu'il fait lui-même, voyez...

Le vin attend, patiemment, d'être bu. Le vin a le temps. Le vin croit en la prédestination du vin. C'est écrit sur l'étiquette. Le vin sera bu. C'est écrit sur les affiches. Avec modération. Le patron d'un geste machinal s'assure de la fermeture du robinet. Le robinet ne fuit pas, le robinet ne goutte pas, mais le patron s'assure. C'est pour ça qu'il est patron. Il assure. Alors, quand le calme le lui permet, il ferme le robinet fermé, machinalement, mais attention, le patron n'est pas une machine ! Il ferme machinalement, mais au fond ça l'inquiète, ça le tracasse, ça l'énerve, ça le fait bouillir ce robinet qui ne fuit pas, ce joint parfaitement étanche, ce système impeccable. Quand ça goutte on se dit que ça goutte et on en veut au plombier, on est à deux dans sa tête, mais quand ça ne goutte pas on n'en veut à personne et on est tout seul dans son dedans de soi. Un gros patron comme ça, pour une personne, quel gâchis ! On se dit que si ça gouttait, il faudrait faire venir le réparateur, mais comme ça ne goutte pas, le réparateur ne viendra pas. Ou alors il viendra par hasard pour boire un coup ! Mais quand ? Peut-être que, dans les autres cafés, les robinets ont la goutte et le réparateur n'a plus une seconde à soi ! C'est moche ce réparateur qui va dans d'autres têtes et laisse le patron seul du haut jusqu'en bas, et c'est moche aussi ce robinet sans goutte, qui se tait, qui ne goutte pas. Le boucher toujours se cure la dent, le bout de pâté se cache, s'accroche et se bat. Il a du pot le boucher d'avoir la mouise, et d'être dans l'embarras avec ce pâté qui se bat. Le vin toujours brille comme une braise. Le vin a le temps. Le patron ferme son robinet qui marche. Le boucher ouvre sa bouche pleine de dents. Ah ! Il l'a ! Le bout de pâté passe devant son nez, fiché sur le bout de bois. Le boucher le regarde, le juge, le jauge en conquérant. Le boucher a vaincu. Le patron, contre son robinet, a perdu. Le boucher prend son verre luminescent et d'un bon coup de coude le descend. La lumière s'enfuit dans la rigole de viande, tombe dans la masse, éclabousse autour d'elle et rallume les vieux feux. Alors on voit un peu de lumière briller dans les yeux du boucher. Le boucher va vers la porte. Le patron parle enfin.

– Salut Fernand !

– A t' à l'heure !

Et le boucher s'en va. Le patron lave le verre sous l'eau claire et ferme le robinet qui se ferme et qui ne goutte pas. Alors d'un coup de pouce traître il triche et libère une goutte, suivie d'une autre goutte, suivie d'une autre goutte. Le robinet goutte. Le patron est content. Le réparateur entre dans sa tête. Va se faire engueuler, çuilà ! Et le patron dit :

– Fait chier, ce robinet, y goutte que si on lui dit !

Je sors mon carnet et j'écris « Fait chier ce robinet, y goutte que si on lui dit ! »

Tout le reste je jette, le patron, le boucher, l'allumette, le pâté. Pour la brève, il faut savoir beaucoup jeter. Il faut attraper la mouette et laisser passer le paquebot, ou comme on dit parfois, je mange les épluchures, toutes les vitamines sont là ! Toutes les épluchures de thèses, j'en fais ma soupe. Tous les quignons de peine, toutes les queues de joie, toutes les rognures d'angoisse et les trognons de bonheur, j'en fais mon ordinaire. Cette année encore la soupe a été bonne. La guerre passée, les Kurdes oubliés, l'Ursse envolée (on ne dit pas U.R.S.S., on dit Ursse, en un seul mot, alors moi j'écris Ursse en un seul mot !).

– Y se fait pas chier, lui !

– T'as qu'à le faire !

L'Ursse envolée, donc, j'ai retrouvé « les fleurs qui puent et c'est un monde ! », « Georges Habache qui n'a pas la sécu » et la chansonnette revisitée... « Meunier, tu dors, ton moulin, ton moulin, a bu ton demi ! ». Les jeux Olympiques sont arrivés à point pour remettre de la glace dans les verres. « Tout est en fausse neige là-bas, même les bonshommes qui sont fabriqués en usine ! »...

Après cinq volumes de brèves publiés il fallait faire un point, un tout petit point. J'ai relu la première brève de chaque ouvrage pour voir l'évolution de ce travail, mettre en évidence une possible transformation des esprits de comptoir à l'approche, lente et inéluctable, de ce foutu réveillon de l'An 2000 ! Les voici.

1987 :
Je pense pas qu'on puisse voir le
caractère de quelqu'un sur son visage.

L'été, quand on est bronzé, on n'aurait pas le même caractère que l'hiver ? Et ceux qui ont eu des accidents ? C'est des conneries, tout ça...
1988 :
Les cafés sont tellement chers qu'avant de prendre une cuite faut demander un devis !
1989 :
Schéhérazade, tu parles d'une connasse, avec un nom pareil !
1990 :
Dans la vie faut vivre, sinon c'est comme une nuit que tu dors pas... c'est une vie blanche.
1991 :
Monsieur le Président de la République, vos sbires ne veulent pas me rembourser mes lunettes ! Ah, si je le croise, y va m'entendre !

et 1992...
L'An 2000 approche, approche, approche, gueule ouverte, des comptoirs qui ne bougent pas.
L'An 2000 s'y cassera les dents ! Je les aime, je crois, pour ça. Santé !

Gourio

QUAND VOUS
ENTREZ...

Il y a celui qui gueule plus fort que tout le monde.

Il y a ceux qui
parlent juste à côté
de vous.

Il y a le brouhaha
continuel des
buveurs.

Il y a le causeur du
bout
du
bar.

On croit qu'on est des poussières dans l'univers, et finalement, on n'est que des mecs au bistrot.

C'est tellement fragile, une fougère, tellement, tellement qu'on peut pas arroser quand on a mangé de l'ail…

Je suis l'homme qui a le plus changé depuis hier !
– Ah oui, il a pas le même pantalon…

Si t'écoutes la publicité, avec un yaourt t'as des sensations, avec la soupe t'as des émotions, et avec le saucisson t'as des évasions ! Je sais pas, mais en tout cas avec la pub, on a de ces cons !

En me rasant la barbe, j'ai retrouvé des vieilles miettes de 1976 au moins !

Dans la vie y'a trois types d'hommes, les cons, et les autres !

Quand tu les vois dans les rues tous les pigeons, avec toutes leurs plumes et qui volent même pas, on se dit que nous, si on était pleins de plumes, eh ben on ferait pareil !

Avec leur système de film, la fleur qui s'ouvre au ralenti s'ouvre plus vite que la fleur qui s'ouvre au normal… avec le ralenti ça va plus vite, faudra m'expliquer…

S'ils croient qu'ils peuvent vivre sans paysans ? ! Hé ! Ils mangeront pas la lune !

Dans certains pays ils mangent des insectes et ils trouvent ça très bon… et même qu'ils en reprennent dans leur assiette !

A manger ça, c'est des coups à attraper la grouillante !

Mitterrand, on dirait un truc en carton avec un micro dedans, comme *Mission impossible*…

C'est comme tout, c'est un problème de raccordement…

Moi tout de suite je lui foutrais la bombe atomique à l'Irak moi, ça discuterait pas, ah non, la bombe, et après… après… une autre bombe !

Si tu t'en sers pas, des bombes atomiques, elles restent à rouiller dans un hangar, alors c'est idiot aussi…

Si, je te dis que c'est vrai…

Faut pas lui parler, il a mis sa tête chimique ce matin…

Le ministre de la guerre qui démissionne parce que c'est la guerre, on aura tout vu ! Quand on est le ministre de la crotte on se déballonne pas quand c'est l'heure de faire caca !

Désertion = pendaison !

Et ça bombarde, et ça bombarde ! Une guerre chirurgicale qu'y disaient ! T'as vu les B52 ! C'est des putains de bistouris, ça ! C'est comme enlever une verrue avec une pelleteuse !

La guerre devait durer deux jours, elle va durer deux mille ans !
– Faut toujours que t'en rajoutes, toi.
– Alors mille ans…
– …
– Au moins !

Maintenant ce mec, c'est le dernier des Français, même un clochard vaut mieux que lui !

Des conneries il en dit tout le temps, tout le temps, même sous la torture il continuerait à en dire…
je l'aime bien.

Chevènement ? Tout nu sur la place et enduit de crotte de chameau, y mérite pas plus !

T'as vu ça, tous les puits de pétrole en feu ?!
– C'est du bidonné avec un jeu de glaces…
– Hein ???
– Mais bien sûr…

Les Irakiens vont se retirer, mais c'est une information à prendre avec beaucoup de pincettes…

Tu sais écrire à la machine ?
– Moi ? Pfu ! Déjà que je mange avec les doigts !

J'adore le théâtre, même si ça me plaît pas...

Une plume au cul, ça te fait pas la merde qui vole !

A force de chanter en play-back, ils vont avoir un nid de coucous sous la langue, ces chanteurs-là !

Même le plus fort lanceur de couteaux a pas le droit d'en avoir sur lui, c'est interdit !

Un lanceur de couteaux, dans un petit ascenseur, il est bien baisé...

Je sais plus où je voulais en venir...

Sur une enclume t'as que du muscle !

Chez nous on a eu vingt centimètres de neige, c'était blanc, blanc, blanc comme le cul de la crémière !

Une énorme femme avec des fenêtres et une cheminée, personne interdit d'habiter dedans...

Moi la semaine prochaine

Un jour j'ai mangé du filet de hareng pourri, eh ben c'était pas bon, je te conseille pas !

Tu peux redire ?
– Non.

Qui dort dîne.
– Heu ?
– Si tu te couches le ventre vide, le matin t'as moins faim...
– Ah bon ? !
– Mais pour la sieste ça marche pas...

Il a été pris par les gendarmes en grillant un feu jaune-rouge...

On a tout le temps des chaussettes impeccables, dans la gendarmerie...

De loin on dirait des bougies sur un gâteau, mais de loin...

A cause du nuage de fumée, ça fait nuit toute la journée, c'est une catastrope écologique sans précédent y disent...
– Et toi ? ! T'es pas une catasTROPE peut-être ? !
– J'ai dit catastrope ?
– Oui, catastrope !
– C'est catasTROPHE que je voulais dire...
– On avait compris...

Mourir de ça ou d'autre chose...

De toute façon, faudra bien mourir un jour ou l'autre... un nuage, c'est aussi bien qu'une voiture...

je bois pas de vin à table...

J'avais dit pas de glaçons !

Il est con à pierre fendre, ce pauvre Albert !

Quand je vois un chien qui chie, jamais je me rappelle de la couleur de ses yeux...

Avec une tache comme ça, tu ferais mieux d'envoyer ton pantalon à la télévision, ils te le laveront dans une pub !

Le linge sale des publicités, il vient bien de quelque part !

Les très bons pneus-pluie, tu peux pas rouler sur sec... ou alors c'est pas du sec sec...

T'as déjà pris le bateau ?
– Pourquoi ?
– Parce que tu verrais comme ça bouge, l'homme devient une bille là-dedans !

La mie de pain, ça fait gonfler les oiseaux...

Qu'est-ce que tu fais là, accoudé au bar, les yeux dans le vide ?
– Je synthétise tout ce que je pense...

Un porno avec des fourmis, ça fait dix millions d'enculades dans l'herbe... faut filmer en macro porno...

– *Pas entendu…*

Un museau vinaigrette bon comme ça, jamais j'en avais mangé du bon comme ça, et tu me connais, j'aime pas baratiner…

En montagne, y'a toujours un peu de brouillard au-dessus des éviers…

Même en mettant plein d'engrais, pour un chêne centenaire, y faut cent ans.

Son coq, il a aucune mémoire, il chante tout le temps.

Eh ben putain, si la guerre est déjà finie, on a bien fait de pas rater le début !

Il a tout le temps de la terre sous les ongles, comme si y continuait de pousser…

Je faisais du ski
sur des fraises,
un rêve à la con…

Chirac, y doit bouffer avec un lance-pierres, ce mec.

Une bière et… et… et ?
– Une grenadine… et une paille !
– Tu bois comme les éléphants, toi !

Cousteau picole pas, avec son boulot y peut pas se permettre d'être une éponge...

Elle avance, ta montre...
– C'est une vieille, elle fait de la tachycardie...

La guerre est finie ? Comment ça la guerre est finie ?... et qui c'est qui t'a dit ça, d'abord ?

C'est une guerre, elle est plus vite finie que mon verre...

La guerre est finie dis donc... déjà... alors que nous on a le temps !

On s'en foutait depuis le début...
– Du coup ça pouvait pas durer...
– Ben non...

Si c'est aussi rapide, les guerres, tout ce qu'on raconte sur 39-45 c'est du pipeau !

Un peu d'eau, Jean-Marie ?

C'est pas une tartine ça, c'est une falaise beurrée !

J'ai jamais envie de bosser, jamais, c'est plus fort que moi même...

La première nuit après la mort, forcément on dort très mal.

Plus le pays est grand et plus t'as des informations régionales.

Il accroche ses clefs au bout d'une chaîne, comme s'il a un chien dans la poche !

Si on n'était que deux sur terre, faudrait qu'on habite le même patelin...

L'escargot se bat jamais, jamais ! Pas UNE fois j'en ai vu se battre dans le jardin !
– Ils se roulent en se mordant...
– Pas UNE fois !

On aurait des coquilles, je te dis qu'on aurait moins de guerres !

Quand tu vois les Kurdes à la télé, t'as pas envie de les avoir dans ton camping !

C'est la nature. Dans la nature, c'est les plus gênés qui s'en vont...

Les hommes, les femmes, les enfants dans la boue ! On dirait du chocolat aux noisettes.

Tu parles ! Les Kurdes, demain, tout le monde s'en fout ! Aujourd'hui c'est la foire du Kurde, mais demain !

Eh ben putain, si la guerre est déjà finie, on a bien fait de pas rater le début !

Un blessé grave y'a eu.

On leur parachute de la bouffe, très bien, mais est-ce qu'ils la bouffent au moins ?!

Ils se la gardent...

De toute façon l'homme va disparaître, et à la place y'aura des lapins.

C'est des populations, on peut pas s'en débarrasser, même tout brûlé t'en as encore collé au fond de la casserole...

Les Kurdes ?
– Ben oui, qui veux-tu ?!

DANS LA VIE FAUT PAS S'EN FAIRE... MOI JE M'EN FAIS PAS !

– Ta femme au téléphone...

Le réveil, il a plus ses aiguilles et y continue à faire tic tac... c'est un bel exemple de volonté, par certains côtés...

Un champignon haut comme ça !
– Non ?!?!?!?!
– Avec un Schtroumpf dedans.
– Qu'il est con ! Et moi je l'écoute en plus !

C'est voleurs de DS et compagnie dans ce bistrot où on va aller, alors tu fais pas le con... tu me jures... tu me jures ?

C'est des connards, tes voleurs de DS !
– Alors tu viens pas...

Tu parles pas ?... ?...
– ...
– Tu dis rien ?
– Je tiens pas tellement à ce qu'on sache que j'ai mangé de l'ail...

Le dernier ?
– Non, non, j'y vais là, je vais chercher le gamin...
– Tu te sers de ton fils comme un rempart...

Va te faire enculer !

Picasso, toujours un calva avant de commencer... toujours.

Les Japonais, y z'ont la bite toute pincée, c'est pour ça qu'ils parlent japonais...
– Mais non !
– Si...
– AÏE !
– Tu vois, tu parles japonais...
– Le pédé que c'est, lui, y m'a pincé la bite, lui !

Au Japon, tout le monde mange à la même heure. Et t'as vu le résultat ?
– C'est les meilleurs.

J'aime bien la nature, mais les fourmis plein le pâté, là je dis stop !

C'est une pièce de Shakespire pour la télé.
– A tes souhaits !

Le sang se déplace partout dans le corps humain, dans les poches, dans les chaussettes, dans le chapeau et dans la plume du chapeau.

Plus tu manges et plus tu manges !
– Pareil qu'avec moins tu manges.
– Exactement pareil !

Dans ce pays noir, y crèvent de faim comme des mouches !

Les progrès ?! Quels progrès ?! Tu parles ! Plus le monde fait des progrès, plus les pays pauvres s'enfoncent, alors le progrès, c'est à se demander si ça sert à quelque chose !
– Le progrès c'est comme le trou du cul, c'est formidable pour ceux qui ont mangé, mais ça fout dans la merde ceux qui regardent !

J'ai beaucoup aimé sa rubrique sur les camemberts… beaucoup…

Là je bois,
mais sinon,
je bois pas…

T'as un truc là,

En URSS, on n'a pas le droit d'acheter de la viande...

Un poisson qui meurt de vieillesse, au milieu de la mer, il se met lentement sur le dos et c'est fini...

Christophe Colomb, en arrivant au ciel, il a dû tout visiter tout partout.

Dechavanne ?

Colomb !

C'est un film interdit aux femmes enceintes que je suis allé voir, j'ai pas eu peur...

Il est né à minuit pile, tout rouge il était ! Une heure de plus et il était trop cuit.

Un soir sur deux, y tombe sur le palier...
– Un petit verre ça va, mais là c'est triste...
– Il a de la globine dans le sang qui lui empêche l'évaporation de l'alcool du sang...
– C'est rare la golbine ?
– La globine... pas mal rare...

Tu pars ?
– Faut que je vas à Casto.

dans le nez...
– Et alors, c'est pas ton nez !

Tu vas lui acheter des fleurs ?
– Non, je vais aller en piquer dans un square, et on boira les sous…
– T'es malin, comme mec !

Les maharadjahs mangent jamais de frites ?

Un coup de grisou dans une mine de crayon ? Hein ? De quoi y me parle, lui ? !

Ça va, monsieur Brouillard ?
– Heu… heu… heumpf…
– Ah… ça a pas l'air d'aller monsieur Brouillard…

Il s'est fait tatouer Mickey qui boit une bière, il était bourré.

Ahakasafa… ah… et si y va kaaassa la voiture aki non…

J'ai pas compris ce qu'il a dit.
– Moi non plus.

Et comment je vais le retrouver, mon petit chien ? ! ! !
– Vraiment, je sais plus quoi te dire, mon pauvre vieux…

Si en 68 t'avais acheté du vin plutôt que faire des conneries, on aurait des bouteilles de 1968 !

Les Esquimaux ont pas de jardin derrière l'igloo…

Tu me connais, je rends toujours l'argent qu'on me prête.
– Oui, je sais, mais c'est pas ça le problème...

La guerre terrestre ! La guerre terrestre ! C'est marrant ! Ils annoncent la guerre terrestre comme si avant, les bombes des avions elles tombaient pas par terre !

C'est une guerre où qu'on marche à pied...

Le chat, il est tout le temps couché sur la télé, et il joue avec l'image, il donne des coups de patte pour attraper ce qui bouge... des fois c'est des trucs sur le sida, y s'en branle lui !

L'avantage de la guerre des avions, c'est qu'on voit pas les traces de pneus dans le sable et on peut pas savoir par où ils sont partis... c'est UN avantage, mais y'en a d'autres...

Attention ! Là !
– A la Légion, on n'a pas peur des guêpes !

C'est bien, un animal contre la solitude, un chat, ou même une puce, ça occupe...

C'est une guerre avec les doigts de pieds...

Si pendant la guerre on endort les gens et on les tue pas, ça fait pareil, et on invente la bombe à roupillon !

Une guerre où personne meurt, alors la mort qu'est-ce qu'elle fout ?
Elle est chez sa mère ? !

C'est un cascadeur, lui ! Y passe à travers les boulots sans se blesser !

Les mecs y passent à travers les vitres, et la fenêtre elle est même pas ouverte !

« Le tire-bouchon des damnés », c'est un film ça, non ! Ou je confonds ?...

Tu donnes ton corps à la science,
et les mecs, y t'oublient dans le camion !
– Mais non, c'est des pros tout de même...

Si t'es noir, c'est que c'est marqué dans tes gènes, c'est barbouillé dessus, disons...

T'appuies sur le bouton et la photo sort tout de suite, c'est instantané si tu veux... comme tu roules sur une tortue avec le camion, la tête elle sort...

Les ploucs continuent d'aller faire au fond du jardin... à croire qu'y chient des pelles !

Le plus important c'est d'avoir une éthique de vie.
– Une étiquette ?
– Pardon ?

On peut pas parler avec lui...

Au fond, tout au fond, les poissons ont jamais vu la lumière, alors la montagne...

Il faudrait inventer de l'herbe en viande, pour faire brouter les lions.

... les fougères arborescentes géantes, là-bas, c'est pour torcher les éléphants.

La vérité sort de la bouche des enfants, mais par où elle entre, ça...

Elle a tout le côté droit de la figure qui est paralysé, on dirait une demi-poupée.

Te creuse pas la tête, c'est plein de cailloux.

Si t'as des coccinelles, t'auras pas de pucerons.
– Pourquoi ? Elles les mangent ?
– Non, elles les enculent sur les feuilles... bien sûr, qu'elles les mangent !

« Le charançon de lune », c'est une pièce où un charançon mange la lune, comme son nom l'indique...

Pas moyen
de me rappeler
où je suis garé !

Quoi de neuf ?
– Oh…

Tu l'as vu ?
– Qui ?
– Mon cul !
– Pfu… t'en es
encore là, toi !

La Suze a ceci de
particulier qu'elle
contient des particules
de fleurs sauvages, du
coup, on en boit…

Je dois vous quitter
car je vais acheter
du museau. Mes amis,
à bientôt…

C'est bon,
le melon.

Fais attention à ton panier,
ça c'est une mouche à pâté.

Qui ?
– Giscard…
– Eh ben ?
– Il était à
la radio avant
que t'arrives…
– Ah bon…
c'est moi qui
l'ai fait partir,
c'est ça ?

Le papier de jambon,
c'est du papier
spécial.
– Ce qui est normal.
– Oui.

On l'appelle « merde
de clown » tellement il
est tordu et marrant…

Y'a bien la tour Eiffel, je vois pas pourquoi y'aurait pas la tour Bébert ? Si t'arrives à avoir le permis de construire, qu'est-ce qui t'empêche ? !

Même si on te fout des bandages autour de la bite, ça suffit pas pour faire une momie...

Tu vas pas conduire dans cet état-là !
– Ça va.
– Tu parles ! Si je mets des roues au comptoir, tu te casses la gueule !

Tu te souviens des pièces avec un trou ? Oui, eh ben maintenant y'en a plus.

Miss Univers se rase le cul, bien obligée !

ALLEZ L'O... M !
ALLEZ L'O... M !
UN AUT'
PAS... TIS !
POUR MOI
AU... SSI !

Aujourd'hui, le meilleur moyen de prendre un coup de poing dans la gueule, c'est encore de gueuler A BAS L'O.M. !
– Chut ! T'es taré toi !

Champion d'Europe, c'est mieux que champion du monde, dans le monde, à part l'Europe, t'as quoi ? L'Arabie, l'Hindouie, des merdes quoi...

Tu regardes le match ce soir?
– Même avec les yeux crevés, moi je le regarderais avec les trous alors!...

Si Marseille
perd ce soir,
je tue le chat.

Perdre de cette manière une finale de la coupe d'Europe, mais c'est... mais c'est... UNE MONSTRUOSITÉ!

Moi j'ai pleuré.

N'empêche, on aurait marqué des buts, on aurait gagné...

Ils sont invincibles les Marseillais, alors je sais pas ce qui s'est passé...

Quelle honte, ce match! Quelle honte, ces tirs au but! C'est pas du foot, c'est de l'insémination artificielle, ces tirs!

L'O.M. pourri par le fric!

Si c'est ça, moi cette année je paie pas mes impôts et c'est tout!

L'histoire se
souviendra
qu'on a gagné.

Le ballon avait pas la taille réglementaire...
– C'est dégueulasse!

Sans Tapie, y z'auraient gagné, c'est sûr...

Avant le match, on les a vus manger des andouillettes... paraît...

La coupe, faut voir dans quel état ils vont la mettre, les Yougos...

Ils s'en servent pour faire du bschork...

Dans tout le feuilleton qui dure dix ans, Guillaume Tell a le même chapeau.

Tu connais pas « Chapi-Chapo » qui passait à la télé ?
– Peut-être j'étais à l'armée à ce moment-là...

De toute façon, on a gagné... mentalement c'est gagné...

Je serais Mitterrand, moi je dirais qu'on a gagné 4 à 0 !

Pour moi, tout ça est déjà oublié...
– Oui, c'est de l'histoire ancienne...
– Ces ENCULÉS *quand même !*

La plupart des pays mondiaux mangent à midi...

La charcuterie, c'est comme une sorte d'autopsie qu'on fait du pâté avec les bouts...

Il a fait médecine-charcutière…

Tout ce qu'on dit quand on est saoul, en général c'est vrai.

La merde, si t'as peur elle sort pas…

Tiens justement, l'escargot, tu lui fais peur pendant qu'il est en train de chier, y rentre dans la coquille et y fout de la merde plein son entrée !

Un Noir, il a plus de chances de devenir Président dans son pays que nous dans le nôtre… mais si, bien sûr !

Les cailles, on dirait qu'on bouffe une boîte d'allumettes !

La mer, j'aime pas me baigner.
– Moi non plus, ou alors c'est une mer à toi que t'as dans ton jardin et personne d'autre y va…

Le serpent minute te pique, tu meurs juste en une minute, à moins que le serpent soit pas sérieux…

Moi, mon idée, c'est d'inventer un jeu où on gagne un appartement à la Grande-Motte. C'est dans l'Hérault…

– Non, une Avèze, je suis pas un touriste.

Heureusement qu'on n'a pas de l'eau dans les veines, tu bandes dehors l'hiver, tu gèles ta bite !

La théorie de l'évolution ? Tu parles ? ! Et d'abord l'évolution de qui ? Tout ça c'est pipeau ! On n'a pas évolué... on a changé...

Si la poule elle se lave pas le cul, l'œuf il est déjà mal parti dans la vie...

Au fond, l'hippopotame nain c'est bien, dans l'évier il est content...

Une vache qui habiterait à la ville, elle aurait jamais de taxi !

Quand tu changes de slip tu dis pas que t'as évolué du slip, si ? Non ? Si ?

L'instituteur tape mon môme ? ! Je l'attache à la bagnole et je le traîne dans la décharge !

C'est peut-être à cause des guerres, qu'il y a des courants d'air ?

Tu t'endors au soleil et ça y est, deux heures après t'as des hirondelles dans les trous de nez !

Chez les très très grosses femmes, le clito a un peu de bide.

Si tu roules à cent et que tu fonces dans une voiture qui roule à cent, c'est comme si tu rentrais dans un mur à deux cents !
– Elle va pas à deux cents, ma tire.
– Non, mais je parle pas de ça !
– De quoi tu parles alors ?

Moi quand y parlent comme ça, ces deux-là, j'y comprends rien.

T'as vu ça, l'attentat contre Rajiv Gandhi ? Plus de tête il avait, ils ont mis la bombe dans le collier de fleurs... une bombe dans des fleurs ! Les mecs respectent rien !

C'est comme un scorpion dans la Suze.

En Inde y font brûler les morts, quand tu sors du cimetière t'es noir comme un charbonnier...

Quand Pinocchio meurt, ça brûle bien...

C'est des Indiens ou c'est des Hindous, en Inde ?
– C'est des connards.

Je voudrais pas faire mon philosophe de comptoir, mais bon, sans la vie t'as pas la mort, puisque...

Puisque quoi ?

Hein ?

En Inde, à partir de neuf heures du soir, il fait doux...

Je connais 213 blagues, j'ai appris l'humour à l'armée...

Comment on fait, pour écrire un livre ?... non, c'est pas pour moi, c'est un pote à moi qui a une idée...

Tu me le prêteras, quand tu auras fini ?
– Oui, mais je te préviens, moi un polar, c'est un an...

J'ai deux sèche-cheveux à la maison, un pour la tête et un pour le cul...
– Menteur !
– Je vois pas pourquoi je mentirais là-dessus...

T'as pas l'air dans ton assiette ?
– Je suis sur le bord...

Un rang de poireaux, une montagne, un rang de poireaux, une montagne, comme ça quand il pleut sur la montagne ça arrose les rangs de poireaux.

Ça a toujours une forme, un nuage, minimum c'est un pain...

Tu votes, c'est
la démocratie,
mais quand tu
votes pour Hitler,
c'est quoi ?

Hitler comme
jardinier, y tondrait
tout le temps...

On se retrouve
à l'Olympic !

C'est une voyante qui
parle avec les esprits.
– C'est une parlante,
alors !

Tes Kurdes, y
chieraient du pétrole
on irait les aider,
mais là, qu'est-ce
que tu veux...

Moi, faut que
je passe au
Majestic...

Dans l'univers t'as
des millions de
soleils, ça empêche
pas que des fois on
se caille les
meules...

Il en faudrait
le double.

C'est un arbre,
tu le coupes
et ça coule
du caoutchouc,
tu le coupes
quatre fois et
t'as des pneus...

Un impôt sur
la connerie,
moi,
de toute façon,
je paierais pas...

Y vont tout
nous prendre !

A cet âge-là, faut que ça bouge…
– Tu parles, il est épais comme une pièce de cinq francs, faut pas trop qu'y se dépense !

A l'intérieur du cerveau tu vois pas d'intelligence, comme à l'intérieur du réveil, t'as pas l'heure…

AT… CHOUM !
– T'en as mis sur ta chemise.

C'est un petit bistrot juste sur le port, depuis le comptoir tu vois les bateaux qui entrent et qui sortent du port… t'as les avantages de la mer, et en même temps les avantages du comptoir…

J'ai du mal à croire qu'une femme peut conduire un tracteur.

Chez les gauchers, les couilles sont gauchères.

T'y vas au cinéma, toi ?
– Quoi foutre ?

T'en as plus de la prune ?
– Non, tu m'as tout bu…
– Moi ?!
– Ben oui, pas tout seul, Pompon il en prend aussi…
– Ah ! Pompon ?

Moi, je quitte jamais le plancher des vaches !

Son plancher des vaches il est plein de mégots…

Il est maçon, plombier, charpentier…
– Il a plusieurs casquettes…
– ? Non… il en a qu'une.

Il est dans la merde, il a perdu sa carte de pêche.

Tu manges le poisson que tu pêches dans la Seine ? ! Il est taré lui ! Ce sont les plus grands dégustateurs de merdes molles, ces poissons-là !

C'est pas celui qui a assassiné Ravaillac ? Le mec de la poule au pot ?
– Oui, c'est lui avec un couteau…

Cousteau, il dit qu'on est trop nombreux sur la terre…
– Qu'est-ce qu'il en sait, lui, il est tout le temps sous l'eau !

Département de l'Ain… chef-lieu ?
– Bourg-en-Bresse !
– Très bien.

Une grande fromagerie, c'est un monde, celui des fromages…

Maintenant, dans le monde, tous les événements sont liés… d'ailleurs la preuve, t'encules un phoque au Pôle Sud, ça fait un jaloux au Pôle Nord !

Il a un bout de saucisson qui lui a pondu dans une dent, c'est pour ça qu'il a un œuf.

De quoi y parlent ?

Chais pas...

M'en fous...

M'en vais...

Sur terre y'a trop de pauvres !
– En dessous aussi, y'en a pas mal...

La misère, c'est bien pire que la pauvreté, tu dors à côté d'une bouteille vide...

One coffee please...
– Hein ?
– One coffee...
– Quoi ?
– Coffee.
– Y'en a pas du to-machin ici !
– Coffee.
– Y me fatigue, lui...
– One...
– Hein ?
– Un.
– Un quoi ?
– Coffee !
– Hein ?
– Keufé.
– Quoi ?
– Ca-fé.
– Un café ?
– Yes ! Un café !
– Eh ben putain, y sont pas aidés, les mecs !

J'étais loin mais j'arrivais à lire son journal, le titre de l'article c'était « le boudin martiniquais à l'honneur ».
– C'est bien d'avoir une bonne vue...

Il est beau, il est beau, il est beau le lavabo !

En Amérique, pour aller dans le Proximarché, t'as cinq heures d'avion, les distances sont pas les mêmes.

J'ai toujours dit que les Kurdes, j'en ai rien à cirer… t'as vu aujourd'hui ? Personne en a rien à cirer ! Finalement, j'étais un précurseur…

Alors quand moi j'ai envie d'aller au café, y veut pas venir avec moi, et quand lui il a envie, faudrait que j'aille avec lui ! Y va au bistrot que quand ça l'arrange, lui !

Bonne fête Gaston !
– Bonne fête Gaston !

Le pou, quand tu te laves les cheveux, il en profite pour se laver les siens aussi…

Avant Berlioz, c'est quoi ?
– Hector.

Les philosophes, rien les fait chier.

Un grand ?
– Non, non, un petit, c'est pour m'échauffer…

Le fromage arrive à huit heures, tu sais à quelle heure il est arrivé au magasin, lui ? A huit heures et demie !
– Il est pas très sérieux…
– J'ai monté le fromage tout seul, mais ça va se payer ça !

C'est la saint Gaston, c'est pour ça…

Il est beau, il est beau,
il est beau le lavabo !

A la vie, à la mort…
– À LA PORTE !

Alors quand moi j'ai envie d'aller au café, y veut pas venir avec moi, et quand lui il a envie, faudrait que j'aille avec lui ! Y va au bistrot que quand ça l'arrange, lui !

Jésus Martyr ? Si ça se trouve avant il avait pris des cachets !

Pfu !

Il est laid, il est laid,
il est laid le bidet !

Lui tu peux lui dire « bougnoule », ça lui fait rien, y dit que c'est pas une insulte.
– Y sont cons, ces bougnoules…

Du bourguignon ? Par ce temps-là ?
– Tu veux un chapeau de paille dessus ?

C'est vrai que t'as été gendarme ?

C'est un disque de Armstrong, il l'a enregistré à La Nouvelle-Orléans, un disque introuvable, 1 franc je l'ai acheté ! 1 franc ! J'ai acheté ça et une casserole.

Orléans ?

Je vous les change?
– Non laissez, les fourmis dans les chips, ça fait vacances.

Le meilleur pain de campagne, eh bien vous le trouvez à la ville...
– Ah bon?!

Le changement d'heure, c'est une calamité pour les légumes...

Planète c'est un mot grec.
– Mais non, c'est français.

Le cinéma français c'est déjà nul avant d'entrer, alors quand t'es dedans...

Dans un instant c'est le « Juste Prix » avec Patrick Roy... faut qu' j'y vas.

Quand tu vas en prison, t'es écroué comme un boulon...

Une maxi Perrier, c'est bien pour ceux qui se mettent des bouteilles dans le cul, mais sinon...

Tout le monde s'en fout! Si je meurs chez moi, on me découvre pas avant 5 ans!
– Evidemment, si tu meurs sous le lit...

Mitterrand a dû avoir des grèves de vol d'organes, sinon y serait mort obligatoirement.
– Tu m'excuseras, mais j'ai rien bité.

Et pourquoi y font pas des drogue-tests aux chauffeurs ?! C'est une sorte de racisme par certains côtés, et qui s'abat que sur nous !

Une pute qui couche pas pendant longtemps, est-ce que c'est encore une pute ?
– Une voiture qui roule pas, ça devient pas un vélo, à ce que je sache !

T'as déjà vu un poisson qui se lave, toi ?!

T'as entendu Chirac qui dit que les nègres y puent ?

Il a raison !

Qui ?
– Chirac...

Dans l'histoire de la France, c'est bien que un y soit raciste OFFICIELLEMENT.
– Et c'est bien que ça soit le Maire de Paris.
– C'est mieux qu'à Dijon.

Eh ben au moins, comme ça on sait ce qu'y pense.

Il était bourré...

CHIRAC = LE PEN !

Ça enlève pas la sincérité...

TUT TUT TUT TUT

C'est un pauvre mec, de toute façon y prend de la coke pour tenir…
– En tous les cas ça se voit qu'il est énervé…

Un clochard, c'est comme un escargot, y porte ses cabinets sur son dos.

Y file un mauvais coton.
– Il a un cancer, c'est normal.

C'est bien foutu finalement, chaque fois qu'on arrose, on n'a pas la langue qui pousse !

Le mieux c'est les paras, y paient pas l'avion…

C'est un peintre y s'appelle Dubuffet !
– Non ? Il est con, lui !

Le gaz naturel a été découvert y'a au moins 5 000 ans, c'est un mec du Gaz de France qui me l'a dit.

Des fois, on a l'impression qu'en se donnant un coup de couteau dans le ventre ça ferait rien.
– Des fois quand t'es bourré oui !
– Non. Le lendemain.

TUT TUT TUT TUT TUT

Tu pisses sur un grillon en train de chanter, et finalement peut-être c'était Dalida...
– Dans le pré... t'y crois, à ces conneries, toi ?!
– Non, c'est que de l'imaginatif pour faire le con...
– Ah...

Y'a un con
qui a touché
ta bagnole...

Moi, quand je vois des inondations dans des pays lointains, je me dis que c'est pas bon d'habiter loin.

En virant le mur de Berlin, tout ce qu'ils ont gagné, c'est des courants d'air !

Tu mets plus ta casquette ?
– Non, ça fait tomber les pellicules...

?
– Il était plein de taches de peinture, et comme il avait picolé, c'est pour ça que je dis qu'il était saoul comme une panthère...
– Ah, d'accord !

Le meilleur refuge pour un animal abandonné, c'est encore dans le pâté...

Faut
le suivre,
lui...

Si tu jettes le caillou ça fait des ronds dans l'eau, dans le vin ça fait des ovales.

Au microscope le cheveu devient énorme comme un bout de tuyau d'arrosage.
– Ah bon…
– Tu me crois pas ?
– Si si.

Toute la caisse était bouffée par le ver à bois…
– Ils habitent dedans, ces vers…
– Ben putain, habiter dans une chaise, faut être con !

C'est un film, du début à la fin c'est une énorme partouze, des culs blancs partout, avec le trou au milieu on dirait des dents cariées.

Si tu trouves une vieille boîte de sardines en Egypte, c'est un peu comme un tombeau à poissons…

T'es tout le temps en train de réfléchir toi…
– Non, pas là…

Mais si !
– Si quoi ?
– SI !
– Quoi ?
– …
– Si quoi ?
– …
– Si quoi ?
– … ouerk…
– Il est tombé, ce con !

C'est un bon film, mais il n'a pas marché à cause de la guerre du Golfe...

Elle a bon dos, la guerre !

Quand on pense que la France est gouvernée par un vieillard et une bonne femme...
– Presque en l'an 2000 !

On dirait une vieille tribu assise dans le sable, la France...

Tu filmes dans mon quartier, je te jure on dirait un pays étranger ! Pour peu que en plus tu rajoutes de la smala-musique !

Les hommes politiques sont déconnectés de la réalité.
– Et toi ! T'es pas déconnecté, à parler comme ça ?
– Comme quoi ? !
– Comme un con de la télé !
– Ah bon, tu trouves ? En plus je la regarde jamais !

A l'école ils apprennent les langues étrangères.
– Ben putain, elle est belle, la France !

C'est pas déconnecté qu'il est lui, c'est détirebouchonné !

Dans les pyramides les mecs y peignaient des fresques, parce que va planter un clou toi, pour accrocher un tableau...

Vincent Van Gigh, ça fait coureur cycliste.
– Van Gogh.
– Je sais qui c'est, Van Gogh, mais en attendant Van Gogh ça fait grimpeur.

«Au théâtre ce soir», c'est irregardable le matin.

Les phares les plus droits, ils s'en servent pour faire des mâts de bateaux.

Dubrovnik c'est pas un pays, ça! Maxi une ville... et encore...
– Du crabe?
– Peut-être du crabe en boîte.

T'as vu les mecs!

Oui merci, j'avais compris.

Les jeunes s'installent aux tables là, et après c'est deux heures devant un café à causer!
– ...
– Et comment je gagne ma vie, moi?
– Evidemment... les jeunes c'est pas marrant pour ça.

Partout des pucerons, partout sur les rosiers, sur les haies!
– Ahlalalala...
– Partout.
– Ahlalalala...
– Sauf sur les capucines, y'en a pas.
– Ah?

Au moins, à la mer, t'as la mer pour les gosses, alors qu'à la montagne t'as que la montagne pour les gosses, et la montagne, les gosses y comprennent pas…

Avec ce temps-là, moi c'est Pastis.

Fait beau, hein ?
– Oui, avec ce temps-là, moi c'est Pastis.

Putain, le temps !
– Oui, avec ce temps-là, moi c'est Pastis.

Chez Nicolas, en plus du vin, c'est ouvert tard !

Avec ce temps-là moi c'est Pastis.

Y montraient un dentiste pour crocodiles, ben putain, moi un crocodile il a mal aux dents je dis y se démerde, on va pas foutre des plâtres aux oursins, non plus !

C'est un restaurant qui sert des mouches dans le melon.
– ?

Pour un Esquimau, la Suze-Cassis c'est comme pour nous un punch coco…

Dans le désert tu trouves des plantes grasses… comme si y'avait des camionnettes de bouffe qui passaient…
La nuit ?

On mange quoi, ce soir ?
– Tu verras bien.

?

La poule a eu des contractions très tôt ce matin, et elle a pondu dans l'ambulance...

? ?

Si en France y'a trois millions de chômeurs, moi je dois porter le dossard numéro 2, j'étais dans les premiers.

Au début le chômage c'était bien, mais maintenant on est trop.

Tu vois de qui je veux dire... la pouffiasse qui est au gouvernement... oui c'est ça. Cresson... eh ben c'est une gouine, mais si, bien sûr... son mari c'est une couverture, ben tiens...

Elle aura pas fait du bien à la cause des femmes...

Quand tu la vois la pauvre Cresson, elle a même plus le temps de se laver...

Si c'est ma femme qui avait été premier ministre, moi j'aurais dit non !

Moi c'est pareil, j'aurais mis le holà...

Elle a plus qu'une chose à faire, c'est elle s'excuse et elle s'en va...
– Au moins c'est intelligent, ça !

J'aimais bien voir les Charlots, maintenant au cinoche t'as que de la merde !

Après caguer ils se mettent un suppositoire à la menthe !
– Y sont cons, ces Américains...

En Inde, y'a un moment où les éléphants y se branlent sur ta jambe !

Des grêlons gros comme ça !
– C'est pas très gros.
– Mais non, pas l'olive ! La soucoupe !

J'ai condamné les cabinets, parce que si quelqu'un attrape le sida dans ton café, eh ben tu paies toute ta vie !

C'est LA vase ou LE vase de Soissons ?
– LA vase, à cause de l'Aisne... mais c'est moi qui le dis...

T'as beaucoup de volcans là-bas, parce que la croûte terrestre passe SOUS l'Auvergne...

Avoir un fils pédé, c'est ce qui peut arriver de pire à un homme... mais attention, j'ai rien contre les pédés !

La liberté sexuelle, ça a des limites... t'auras jamais la bite qui s'envole, par exemple.

Tous les matins il arrive ici comme un cahier neuf, tous les soirs il repart plein de ratures.

Moi je pourrais pas dormir à la belle étoile... et d'abord je dors sur le ventre, avec moi c'est toujours à la belle fourmi !

Les travailleurs clandestins passe encore, mais c'est les rien-qui-foutent clandestins qui sont trop nombreux !

Une merveille de la nature, tu veux que je te cite une merveille de la nature ?... euh... pisser loin ?

Les Serbes et les Croates, on dirait un combat entre marques de pantoufles.

C'est une buvette champignon comme nous on appelle, t'as rien dans le pré, et tout d'un coup en deux minutes elle est montée ! C'est une technique de l'armée.

Vive l'armée !

Moi, quand je travaille pas, je sais pas quoi faire...
– Moi c'est quand je bosse que ça me fait ça !

Et un tango panach, UN !

Le racisme,
ça vient
qu'on n'a pas
de boulot ?
Tu parles !
moi j'ai du
boulot, et t'as
pas plus
raciste…

Il vend les tee-shirts avec Bob Marley dessus, je te dis pas la classe que c'est dans la boutique…

Y se
démerdent !

Des radis beaux, beaux, beaux, alors du coup j'en ai pris deux bottes !
– Ah bon ? Faudra que j'en prenne, alors...
– C'était les deux dernières... ah ah !

Fais pas semblant de plus savoir, hier t'as dit les Suze je les paie demain !
– Ah oui oui, ça y est !
– Hum… charlot, va…

Un coup de pied au cul, c'est plus vexant qu'une bombe atomique.

De toute
façon,
la Chine c'est
tellement
grand
que t'inondes
d'un côté,
c'est
tout sec
de l'autre…

Moi
j'en
mange
pas !

C'est des handicapés qui épluchent les patates avec leurs pieds, faut le voir pour le croire…

La lune passe entre la terre et le soleil, c'est ça qui fait l'éclipse…
– Et y'a la place ?
– De ?
– Passer…

C'est pas long une éclipse, ça dure quatre minutes, eh ben à la télé, ils ont montré que des bouts !

Un résumé d'éclipse, c'est quand même moins joli…

Ben et mon ballon ?!
– Il est derrière celui de René…
– Ah pardon, je l'avais pas vu, ça faisait éclipse.

Patty Smith.
– Pastis qui ?

Je crois que je vais planter des Daniel Gélin…
– ?????
– Oui… c'est des roses.
– Ahhhh…

Le spermatozoïde qui sort de la couille gauche il est gaucher, et celui de la couille droite il est droitier… mais bien sûr !

Et ma bière ?!
– Elle arrive, elle arrive… t'es si pressé que ça d'avaler des bulles ?

C'était pas con de mettre des petits jouets dans les paquets de lessive, parce qu'en jouant avec, les gosses se salissaient…

Un ciel… un ciel… tout bleu rubis !

Celui qui est optimiste, il dit « un verre à moitié plein », et celui qui est pessimiste il dit « un verre à moitié plein ».
– C'est pareil !
– Ben oui !
– Ohhhhhhhh... t'es à moitié plein, toi !

A la maison de retraite des pétomanes, à minuit, tout le monde travaille !

Les Noirs, ils ont l'ultraviolet de naissance dans la peau.

Les jumeaux, quand y'en a un qui prend un pastis, l'autre, même à mille kilomètres, il en prend un aussi... ils ont fait des expériences là-dessus.

C'est la pommade du scandale, vu que les tubes, on ne peut pas défaire le bouchon !
– Même en forçant ?
– Même en forçant.
C'est de la pommade qu'il faut rendre alors ?!
– Dès que la pharmacie ouvre, c'est de la pommade rendue.

On y va ?
– Où ?
– Ben bosser, tiens !

Mais si je servais pas les cons, j'aurais personne, tu comprends ?!
– Tiens... tu me remets ça...

Le jour le plus long, *c'est avec des gens qui sont sales, qui volent, qui trichent, qui aiment pas la société...*
– Je crois que tu te trompes de film...

Une bite d'un mètre c'est bien, mais... par exemple, au bureau, c'est trop.

Avec toutes les taxes qu'on a, comment voulez-vous qu'on s'en sorte...

HOUERK HOUERK HEUUUU REUUUUU KRA HEUUUU HOUERK CRAAAAAAA REUUUUUUUUU... putain je fume trop, moi...

Quand tu regardes le tracé du Tour de France, tu constates que les coureurs ne font pas vraiment le tour...

C'est vrai que je me rallonge, mais ses rillettes sont tellement bonnes, ça vaut le détour.
– Moi jamais je me rallongerais pour des rillettes !

Y voit tout, lui...

Vous n'auriez pas un petit quelque chose à grignoter ?
– Putain, j'ai que des souris ce midi pour l'apéro !

Y'en a qui ont du pot que les montagnes elles aient poussé, c'est les guides.

Soi-disant qu'ils auraient trouvé des vestiges gallo-romains dans le pré derrière ! Pfu ! Comme si y'avait eu du gallo-romain à la Bellechaume... en tout cas c'est pas moi qui l'a z'a mis !

Tout ce qui commence par K on s'en fout, les Kurdes comme les autres...

Les kangourous...

Oui, si tu veux... les Kurdes et les kangourous...

Ces enculés de Japonais, faut les broyer pour faire du compost ! J'ai pas raison ? ? !

Ça va être l'invasion japonaise, on va en avoir partout sur les meubles et dans les tuyaux !

Dans les bus à Dakar t'as un monde fou, et des fois t'es tassé contre un cannibale.

Les clowns, ils les bouffent, dans ces pays-là...

Ils ont des maisons toutes en merde, qu'ils font visiter à qui n'a pas peur...
– Putain... on est mieux chez nous !

Pour faire un lait-fraise, finalement, il faut une vache et une fraise...

Vous prenez la carte bleue ?
– Pour deux Vittel ? ! Il est ballonné, pépère !

Faut être fou pour aller en vacances sur la Côte, l'eau elle est toute dure tellement y'a du monde dedans !

Le vent glisse sur la carotte, alors que sur les carottes râpées il va s'engouffrer, ce qui fait qu'elles vont rester bien fraîches si tu pique-niques sur la falaise.
– Putain, c'est pas simple ton truc !

Ils mettent le feu exprès pour empêcher les gens de venir ramasser les escargots !

Les WC sont DANS la caravane… par un certain côté, on est encore plus dégueulasses que les escargots…

Les mouches à merde, elles sont pas plus sales que ceux qui font les merdes à mouche !

Ho !
Hé ! Y'en a qui digèrent, ici…

Ça fait deux semaines qu'ils sont là devant le café à creuser leur tranchée, deux semaines ! Mais ma parole, ils la rebouchent la nuit, comme Pénélope !

Avec un temps comme ça, je bois, cinq minutes après j'ai les papilles toutes sèches… va falloir faire comme le gazon, je vais me mettre un tourniquet qui arrose sur la langue…

Si il respecte pas la loi, c'est normal qu'on le renvoie chez lui dans son pays !
– Et si il la respecte ?
– Beu beu beu... ils la respectent jamais, la loi... c'est normal, chez eux y'en a pas !

Dans l'igloo tu fais les poussières avec un pic !

Une fois j'en ai acheté un, de tapis, à un de ces enfoirés qui passent là... eh ben j'ai pas regretté.

Comme y'a pas de végétation, ils font les cabanes dans les phoques, les mômes de là-bas...

C'est des tapis volés... ils les volent la nuit quand personne surveille les tapis...

Si tu fous les unes sur les autres, toutes les tours Eiffel qui se vendent en une journée, ça fait deux fois la hauteur de la tour Montparnasse.

Pour boire un bon vin, d'abord... d'abord... déboucher la bouteille...
– J'ai l'impression que toi en pinard, t'y connais pas plus que les autres !

T'es pas bien bavard...
– Si c'est pour dire des généralités, c'est pas la peine...

Les bouchons c'est du liège...
– Pfu...

Ils cultivent le champignon de Paris dans des souterrains, ce qui lui donne son air de prisonnier politique...

Le cèpe, c'est Che Guevara à côté...

Redis, j'ai pas suivi...

Champion du monde des casse-couilles, lui...

On met la camisole aux fous, alors qu'on la mette au lait qui bout !

La camisole, c'est aux cons qu'y faut la mettre...

En colonie de vacances, pendant les sorties, celui qui porte le pain du goûter c'est le super-intelligent, mais celui qui porte le chocolat, c'est le génie !

Les lions, ils ont les pattes qui se terminent comme des pieds de beaux meubles...

LE CHIEN ! AU PIED COUCHÉ LE CHIEN !

Ho ! T'iras le dresser ailleurs, ton clébard !

Pour gagner contre un mec qui a une raquette en boyaux de chat, tu prends une raquette en boyaux de chien...

Si tu veux je peux te les faire moi,
tes carreaux, mais je te préviens,
je suis cher.
– Alors va chier...
– Remarque, on peut s'arranger...
– Va chier !
– Tu paies un coup, je les fais...
– Ça roule.

Le Turc, il a un cerveau à noyau.

Dans Autant en emporte le vent, *à un moment, y'a un incendie tu verrais ! Ça brûle ! Ça brûle !*
– Bof... y sont assurés... y vont toucher l'assurance...
– Mais je parle pas de ça !
– De quoi tu parles, alors ?
– Autant en emporte le vent...
– Eh ben ?

Tu bois un coup ?
– L'autre ! Y demande à une bille si elle roule !

On fait plus rien comme avant... tiens ! Le soir on mange même plus de soupe !

J'aime pas les habits neufs, le mieux que j'aime, c'est des vieux habits avec des trous qui ont servi...

Chut !
– ...
– T'entends !
– ...
– J'ai l'estomac qui gargouille...

J'ai jamais vu un con pareil!
– Tu sais pas regarder.

Il a trouvé des chiens qui s'enculent de table, un c'est le sel et l'autre c'est le poivre.
– Ah c'est génial, ça! Où?
– Dans une boutique d'objets...

Quand tu observes une fourmilière, toutes les fourmis qui courent dans tous les sens, eh ben on constate que y'a pas beaucoup d'accidents.

Ah les connards! Ils ramènent une cagette d'abricots, alors du coup le wagon est infesté de guêpes!

Le français du Paléolithique, ça se parle plus depuis longtemps...

Moi quand j'écris, je mets jamais les points sur les i.
– Oh, tu sais... maintenant... y'a plus les cloches dans les clochers...

A l'école ils apprennent même plus le calcul mental, ce qui fait qu'ils calculent quand même, mais sans mental.

Dans les rêves t'as jamais du dessert... ou alors c'est rare...

Plus tu montes dans les montagnes et moins y'a d'oxygène, c'est pour ça que tu vas avoir que du chèvre, c'est un fromage qui respire pas.

Deux montagnards qui se battent, ça te bouffe l'oxygène de toute la vallée...

Elle fait tout le temps des haricots, je vais la foutre dehors comme Catherine Deneuve dans je sais pas quel film !

Plus t'as d'asticots dans le munster, plus ça veut dire qu'il est bon, l'asticot il est pas con, y mangerait pas du mauvais munster. Si si si si... mais si !

T'as pas le droit de ramasser les escargots pendant la période de reproduction.
– Moi je m'en fous, je ramasse, ils ont qu'à fermer la porte !

Le monde est sans pitié.
– Désolé, mais pas partout !

Le blanc c'est la couleur pure par excellence, même avec une moustache !

A force de brûler les forêts, on se perd plus, et ça c'est un mieux.

L'asticot, c'est l'Arabe du fromage. Alors nous, notre fromage... AT' MON VERRE ! Avec son pain il a failli virer mon verre...

Avec tous les jolis rideaux qu'elle a mis, on dirait la maison d'un peintre...

C'est un état naturel d'être tout nu, c'est interdit de gueuler si tu mates.

Ils sont tous malades, les pigeons de Paris, tu fous un bec sur une merde, c'est pareil !

C'est un bouton de fièvre ?
– Oui, j'ai le nez qui a la fièvre.

Des chômeurs t'en as de plus en plus, et t'en auras de plus en plus, et je dis pas ça pour moi...

En Afrique personne travaille, et pourtant t'as pas de chômeurs...

Y sont forts, ces Romains !

A Barbès, si t'avais des maisons hantées, t'aurais vingt fantômes dans un dix mètres carrés !

Du calcium t'en as partout, tu suces un caillou y'en a, tu manges une banane y'en a !
– Ah bon, tant que ça ?
– Disons qu'on n'en manque pas, du calcium...
– Les cailloux et les bananes, c'est pas ce qui manque !

Ça se fait quand, les vendanges ?
– Septembre.
– ....
.... c'est bien ....

Ceux qui meurent dans les films, ils prennent leur voiture et ils rentrent chez eux, ils restent pas là.

Je pourrais avoir un autre demi s'il vous plaît patron... ?
– T'es bien poli, toi aujourd'hui... t'as oublié tes sous ?

Jusqu'à preuve du contraire...

Admire la classe du short en acrylon !
– Wahou ! Quelle merde !
– Ah bon...

Le styliste de chez Dior, il fabrique un boxer-short, il est viré ! C'est pas assez pour eux.

Non mais y se pousse, lui, y se pousse ! Y me fait de l'ombre dans les poumons !

Tu prends que des nains, et le Tour de France tu le fais dans ton jardin !

A la campagne, à part les vaches et nous, tout le monde vole.

Putain, t'as vu les mecs ?! Cinq tonnes d'or dans l'océan, y z'ont trouvé cinq tonnes d'or ! Des chercheurs de trésors.
– T'es sûr ?
– Sûr !
– Alors pourquoi Cousteau lui, y trouve jamais rien ?

On a marché sur la lune, et ça a servi à quoi ? Pour nous, y'a eu moins de retombées que quand on marche dans la merde, alors...

Bientôt t'auras plus de paysans.
– Tant mieux ! C'est chiant à doubler, les tracteurs.

Les mecs font plein de reportages sur les sécheresses, on les voit jamais dehors quand y pleut !

Crevé, alors là, crevé je suis...
– T'as quand même pas désherbé la lune !

Les Harkis je les défends pas, au fond, c'était que des collabos ! C'est comme si les mecs de Vichy y demandaient des sous en Allemagne !

Les fils de harkis ceci ! Les fils de harkis cela ! On entend parler que des fils de harkis ? ! Ils ont pas de filles ?

Aux Etats-Unis, quand t'abandonnais ton chien sur le bord de piste, derrière t'as un mec qui s'arrêtait, y restait avec le chien, y construisait une ville et ça s'appelait CHIEN-VILLE... c'était comme ça aux Etats-Unis, mais je parle AVANT !

Même pas besoin de gaz lacrymogène, moi aux harkis je balancerais de l'anti-fourmis !

Normal.

Qui c'est que ça intéresse ici ?
– Quoi ?
– Ce que je viens de dire.
– ... personne...

Normal.

Toi, t'es jamais content !
– Moi ? Paie un coup, tu verras.

Tu sais, pour moi, les négociations entre Juifs et Palestiniens, c'est rien que des Arabes qui causent...

On a bouffé tellement d'escargots que les coquilles elles bloquaient la porte !
– Beu beu beu...

Qu'ils leur donnent un pays aux Juifs et qu'on n'en parle plus !
– Ils en ont un.
– Je sais pas.

Au supermarché, t'as toute une allée de nouilles, pas les mêmes, avec plein de formes, on dirait presque un marchand de nouilles d'occasion tellement t'en as...

Une prune.
– ET UNE PRUNE POUR LA PRUNE !

Y'a plus d'éléphants ? ! Et alors ? Y'a pas eu de prunes non plus c't'année !

T'as combien d'angles, dans ton café ?
– Je sais pas… personne me pose jamais la question…

Supprimer la première classe du métro, bon admettons je suis d'accord, mais à la place y mettent un wagon bar !

Je connais personnellement le directeur de chez IBM, enfin je CONNAISSAIS, pour être juste, avant qu'il fuie la France à cause des socialistes.

Dans les hospices, l'été, souvent y trouvent des vieux secs sous les lits, en balayant…

Avec un soleil comme ça, va falloir qu'il épaississe ses tranches, le charcutier !

Tu me redonneras un demi, j'ai ma nappe phréatique qui se reconstitue pas…

Faudrait que tu boives pendant trois ans pour que ça revienne au niveau d'avant !

Avec ma femme, on s'est rencontrés à la cafétéria de Casino.
– Ah… et c'est bon, là-dedans ?

On a bu du vin, ah je vous dis, formidable!
Et la bouteille, belle, belle, en forme de pélican...
– Ah ils sont forts, ces Espagnols, pour le vin!

Un fusil de guerre ça porte à un kilomètre, pour tirer à cinq cents mètres, faut prendre un fusil de paix! Ah ah!

Ce genre de grand orchestre est toujours suivi d'un camion cantine.
– Remarque c'est vrai, si ils vont au restaurant, c'est des fortunes...

Le malaise des banlieues? Un Aspro chacun et c'est tout.

A Paris tout le monde court, du coup les marcheurs on les voit bien...

Dans les pin's, t'as une espèce de drogue qui fait que faut que tu en rachètes coûte que coûte!

Si tu mets du vin dans le radiateur, ça te fait du vin chaud qui se promène dans toute la maison! Quand tu mets la serviette à sécher ça fait pas pareil, forcément...

T'as l'épée de Dame Hoclès, qui est une petite épée, et t'as l'épée du père Hoclès, qui est plus grande.

Des morts sont ressuscités, et ils ont écrit des livres.
– Pas besoin d'être mort pour ça.

Toutes ces plantes grimpantes que tu vois qui grimpent sur les murs, moi je leur ferais payer des impôts locaux !

Les toréadors les plus forts, y peuvent combattre dix taureaux en même temps.
– Comme les champions d'échecs.
– Un peu.

Le mieux à dire à un mourant, c'est qu'il a chaud aux pieds...

Les fraises étaient pleines de fourmis ! Des fois, on se demande qui est maître à bord !

C'est quoi, la capitale de l'Argentine ?
– Si on te demande, tu diras que tu sais pas !

Maintenant, ils prennent des otages UNE *journée !*
– Ça fait deux repas...

Ça s'appelle des peupliers-pieds-dans-l'eau, parce que si tu t'assois en dessous, t'as le cul dans l'eau.

Dans ces pays en été ils tuent le cafard pour faire les jambons.

Avec la chaleur l'eau manque d'oxygène et les poissons finissent par crever.
– Qu'y z'aillent dans la Volga voir si y'a de l'oxygène !

J'ai une sœur qui est morte quand j'étais petit, on avait le même âge.
– C'est pas bon d'avoir le même âge que quelqu'un.

L'âge, c'est personnel !

T'as vu ça, l'autre, le Chapour machin, comment y te l'ont égorgé, les Iraniens ?
– Avec un couteau de boucher, j'ai entendu aux informations.
– Attends, la meilleure, c'est que le couteau, ils l'ont trouvé sur place ! Il avait un couteau de boucher CHEZ LUI *! Tu vois le genre du mec !*
– C'est quand ils égorgent des moutons sur le palier, ça...

C'est pas exclu que ce soient des flics français qui l'aient égorgé en échange de la libération des otages, c'est pas exclu.

Les Iraniens ? Il y a de l'ANORMALITÉ chez ces gens-là.

Un Iranien de plus ou de moins, quand tu vois tous les morts qui meurent chaque jour...

C'est quoi un immigré, c'est un boulet de charbon dans une douzaine d'œufs ! Non ? J'ai pas raison ?

T'en as vu des étoiles filantes, toi, cette nuit ?
– Mais non ! Y'en avait pas plus cette nuit que toutes les autres nuits !
– C'était la nuit des étoiles filantes à la télé.
– Ah ! A la télé ? Je croyais dans le ciel.

Une cuillère de miel, tous les matins, ça fait descendre le pot.

Il a vu la reine d'Angleterre, lui ?
– Oui, à Carrefour ! Enfin quelqu'un qui ressemblait.
– C'est pas pareil !
– Et si ça avait été elle, hein ?! Si ça avait été elle ?!

Les rois servent plus à rien aujourd'hui, même à la télé on les regarde plus.

En espagnol le coq fait pas COCORICO *mais* CICIRICI *!*
– Et quand tu pètes ça fait PROUTIPROUTI *?*
– Pfu, la discussion et toi ça fait deux !

Dans les rations de guerre t'as jamais de confiture, si tu crois que pendant la guerre t'as le temps de faire des tartines, et surtout les commandos en plus !

Vous avez déjà vu un ch'timi manger une pizza ? Jamais monsieur, jamais !

Aujourd'hui on meurt du cancer, mais dans cent ans, on se fera même plus la vaccination !

J'ai la tête comme ça avec ta sangria...
– Si tu sais pourquoi, c'est rien.

Les chiens huskies, tu remontes à deux générations et tu trouves un loup dans la famille, c'est des chiens, ATTENTION !

Oh... c'est facile de critiquer.
– Je critique pas, je dis ce que je pense, c'est pas pareil...
– Moi je trouve qu'il est beau ce chien.

– C'est un tapis.

Et la galanterie, tu connais pas, toi ? !

Quand tu regardes la nature humaine, eh ben faudrait arroser je crois...

C'est toujours quand y'a pas de pont qu'on veut aller de l'autre côté. Toujours...

Moi j'ai un pont en face de chez moi, c'est rare quand je m'en sers.
– Mais toi t'es à la retraite aussi ! T'irais faire quoi à...
– Alfortville.
– Oui, à Alfortville ?

Tu m'avais dit que tu me donnerais ta paye, mais t'étais saoul, alors ?
– Alors c'est annulé, ça va mieux.
– Je m'en doutais.

En Inde, l'éléphant sur la route, il est sacré, t'as pas le droit de doubler.

Si !

Tiens, en parlant de ça, en Inde les vaches sacrées ont le droit d'aller partout, t'en vois dans les émissions de variétés...

Si, je te dis !

Je suis bourré.
– Parle pour toi !

On fait un petit 421, on boit l'apéro, et après je vais ramasser mes haricots.
– Ça marche.

Et pendant ce temps-là, le Koweït, ça brûle toujours ! Encore heureux qu'ils ont pas de forêts !

Aux riches, à l'Armée du Salut, on leur épluche les pommes !

A la NASA ça mange à huit heures, à neuf heures ça se promène dans la cour, à dix heures c'est au lit, ça fait QUE interne la NASA...

C'est réglé comme du papier.

Il a oublié son panier à l'Oustalet, après il a oublié son porte-monnaie chez René, et il est allé dégueuler aux Quatre Coins.
– C'est un sportif.

Un panach bien blanc !

Les vélos du Tour de France sont trop compliqués maintenant, c'est des usines techniques, d'ailleurs bientôt c'est le vélo qui va monter sur le mec !

En fait, les oreillers travaillent de nuit...

Les chauves-souris sont réputées pour jamais se cogner.
– Faux ! Moi j'en connais une qui se cogne, près de chez moi.

Aaaaaaaahhhhhh putain c'est bon...

C'est une année sans guêpes cette année, on est bien tranquilles pour manger le melon.

La vie est moche, ah oui elle est moche, mais moi je me plains pas, ça va.

En Afrique t'as pas de robinets, c'est un nègre qui dépasse du mur avec un seau.

Carlos...
– Le chanteur...
– Oui, le chanteur, eh ben il achète ses tire-bouchons à Chablis.
– Il a l'air déconneur comme ça, mais aussi il est sérieux.

Tu les vois les pêcheurs, toute la vie dans le vent, le jour de la retraite c'est comme si tu fermes la fenêtre.

Moi les chanteurs je les obligerais à chanter tout le temps en direct ! Le matin à la radio t'entends de ces conneries ! Comme ça, ça les obligerait à se lever à six heures ! Tu verrais que ça les calmerait un peu, tous ces connards.

Quand le capitaine meurt, le bateau se met à flotter le ventre en l'air…

Il a eu un vertige pendant son 421.
– Ça passera jamais pour un accident du travail, ça.

Quand t'étais chevalier en armure, dans les bois, sous l'orage, sur un cheval, t'étais le Prince Paratonnerre.

Combien de chevaliers en armure ont pris la foudre ? Combien ?

A partir de mai ils sciaient les manches de l'armure pour faire la tenue d'été.

Avec ses conneries ! Hein ! Ho ! Tu vois ! Ho ! Tu me dois un pressing.

T'as vu toutes les mouches au plafond ?
– Evidemment, si elles sont par terre, vous marchez dessus.

J'ai appris l'anglais à « l'Atomic », alors évidemment je connais pas tous les mots.

L'anglais, ça nous regarde pas...

Si on apprenait pas une autre langue, eh ben les étrangers chercheraient pas à apprendre le français non plus... faut déjà balayer notre porte aussi...

L'aveugle qui trouve une râpe à fromage, y se met à bouquiner !

Les poumons respirent pareil le bon air que la merde, c'est pas des connaisseurs, ceux-là !

On était dans une ville de toile.
– Un camping ?
– Non, non, une ville de toile, avec des douches en dur. Dans les campings les douches sont en mou.

Maintenant les vaches c'est plus que du décor, ça finira qu'on en mettra en contreplaqué clouées contre les arbres.

Le destin de l'homme, il est écrit à l'avance.
– Et qu'est-ce que c'est marqué comme manger pour midi ?
– Pfu...

Je sais pas si tu as remarqué, mais Cresson elle a les ongles sales.
– J'avais pas vu mais ça m'étonne pas... ça veut être président de la République, et voilà...

Mon rêve à moi c'est un petit potager et une Mercedes.

Rien foutre et gagner au Loto, c'est ma devise !

Quelle heure ?... un autre alors...

La pêche à la truite est interdite à l'asticot ! in-ter-dite !
– Si tu crois que tu me fais peur.

Si t'es debout au Pôle Nord avec ta femme, ça fait comme des mariés posés sur un gâteau.

Elle a des grands pieds, Cresson, et les doigts tordus dans les chaussures, t'as vu comment elle marche, la pauvre ?!

On est trop nombreux sur la terre, au moins mille en moins et c'est bien.

Tous les crève-la-faim vont finir par envahir la France, et t'auras des squelettes par terre dans les couloirs...

Ça serait bien si ils remettaient

Au Vatican, les chiottes, c'est la gare de Lyon, alors les pauvres ! Si il les aime ? ! Tu parles ! Le Pape, il aime personne.

Tu t'assois sur un énorme tampon encreur, et après tu mets ton cul sur un papier.
– Mais où il va chercher tout ça, lui, où il va chercher ? !
– Dans ma tête.

Au fait, je t'ai dit ? ! J'ai trouvé du boulot !
– Ah non, tu m'as pas dit, où ça ?
– Dans un petit supermarché, et si je me démerde bien je pourrai piquer des trucs et les revendre…
– Putain t'as du pot, parce que trouver du boulot en ce moment !
– Et du boulot où on peut piquer !
– En plus !… putain t'as du pot… y cherchent pas quelqu'un d'autre ?
– Je peux demander…
– A tous les deux, t'imagines ce qu'on pourrait piquer ? !
– Oui oui, je vais demander…

Les Incas faisaient des flûtes avec les os des morts, ça les empêchait pas de jouer des conneries.

Dans l'œuf t'as du blanc et du jaune, y'a pas de place pour du noir !

un Tsar, avec de la neige.

Mal de dent, mal d'amour.
– Avec mes chicots pourris, ça m'étonnerait...

On a ramené du miel, et on s'est rendu compte qu'en bas ils vendaient le même.

Dans une pastille de menthe t'as presque pas de menthe, sinon ça serait une camionnette de menthe.

Ils ont augmenté le prix du timbre JUSTE avant que j'écrive la carte postale ! Y'avait un mec dans l'immeuble en face avec des jumelles, c'est pas possible autrement...

J'ai dit pas de sucre au chien !
– C'est pas un sucre ! C'est... un demi-sucre...
– Alors je précise, pas de demi-sucre non plus !... putain... y a pas beaucoup de demi-casse-couilles ici, ils sont tous entiers.

Magouille et compagnie, ça.
– Mais oui.

Leur coup d'Etat à la con, si ça se trouve c'est de l'attrape-gogo, Gorbatchev il est tranquille chez Bush en train de bronzer, tout ça c'est des histoires à eux !

Ils ont viré Gorbatchev en plein été ! C'est comme l'augmentation des timbres, ils font leurs salades, quand on s'en fiche.

Moi je dis, c'est Gorbatchev qui a tout organisé.

Du jour au lendemain, viré ? Alors que nous on peut même pas virer un mec qui bosse à la poste !
– Magouille je disais tout à l'heure, et je redis.
– Quoi ?
– Magouille.

*C'est l'*HISTOIRE *qu'on a vue en direct !*
– Pour moi la Russie, c'est que de la géographie, alors...

Ça aura pas duré longtemps leur Puchte !

Putsch.
– Qu'est-ce que j'ai dit ?
– Puchte.
– Oh c'est pareil ! De toute façon, il est fini leur puchte.

Ils ont même plus la liberté de la presse !
– Ils ont qu'à refaire les vieux mots croisés.

C'est des mauvais, les militaires là-haut...
– T'as vu les casquettes qu'y z'ont ? ! Des charlots oui c'est ces mecs, des charlots !

C'était pas bien la peine d'user de la bobine pour les infos, cette histoire-là...

Ils ont changé AUCUN programme de télé pour faire des émissions spéciales, et finalement ils ont eu raison.

Demain, on n'en parlera même plus, alors je vois pas pourquoi aujourd'hui on en parle...

Les communistes, y suffit d'un pour que ça reprenne...

A Moscou t'as UN café, comment veux-tu que les jeunes se retrouvent entre eux ?
– Ça dépend de la taille du café.

Mitterrand est trop vieux pour ça, trop vieux...
– On voit, il dort tout le temps.

Ils viennent en vacances à Paris alors qu'ils ont pas de sous, et pendant ce temps chez eux c'est le coup d'Etat ! Moi c'est simple, les Russes, JE-LES-SERS-PLUS !

Mon beau-frère y est allé, ils ont joué à la pétanque sur la place Rouge, c'est tout ce qu'ils ont fait !

La Russie qui est plus communiste, on aura tout vu !
– Moi mon beau-frère y est allé, ils ont joué à la pétanque sur la place Rou…
– Tu viens de le dire !

Ils enlèvent toutes les statues des anciens dirigeants, et à la place ils mettent des ronds-points. Pour la circulation c'est bien, la fin des communistes.

Ils veulent enlever le nom de la place Maurice-Thorez.
– Où ça ?
– Dans un bled.
– Et alors ? Tu y habites, toi, sur la place qui change ?!
– Non.
– Alors…

Marchais, même s'il la déchire pas, sa carte du parti, un jour ou l'autre y perdra son portefeuille, suffit de pas lui rendre !

Vraiment, je ne comprends pas pourquoi Marchais, qui a collaboré avec les Allemands, n'est pas fusillé ?

Moi je suis communiste français, et je tiens à le rester en tant que communiste !

Chez nous, on est communiste de père en fils !
– Toi t'as une fille, alors ta gueule !

Leur putsch à la con, ça va pas faire un beau film.

Les seuls communistes sur la terre, ils vont être en France!
– C'est les Galapagos, ici...

Si ça devient capitaliste, la Russie, ça sera les capitalistes les PLUS PAUVRES DU MONDE!

Quand tu t'en vas Pascal, tu me le diras.
– Hein?
– Quand tu t'en vas, tu me le diras.

Moi je suis communiste, et j'ai pas honte!
– Oui ben toi, quand t'as chié dans ton benne tu le racontes à tout le monde, alors...

Si y'a plus de communistes, au moins ça fera plus à bouffer pour les autres!

Le nez rouge, c'est preuve de bonne circulation dans le nez.

Supprimer le communisme... pfu... tout ça c'est encore de la politique, tout ça!

Il a la maladie de Parkinson, mais alors bien-bien, il a de la merde sur sa montre...

Mitterrand comprend plus rien, ça se voit dans ses yeux, qu'il est largué... on dirait qu'il a qu'un œil d'abord...

L'automne dans la forêt d'Amazonie, tu prends des feuilles de 4 mètres sur la gueule !

Pendant l'automne, les éléphants ont les oreilles qui jaunissent. Au printemps ils ont des énormes bourgeons comme ça, sur les côtés.

Ce chien, il avait un an, il ne connaissait pas le chocolat !

Y'a que ces cons de Parisiens pour pas être sensibles au rythme des saisons !

– Même les oiseaux y sont moins cons que les Parisiens.
– Au moins y volent, eux !

Elle nettoyait les vitres toute nue !
– Qu'est-ce que tu faisais sur ton balcon, toi ? !
– En ce moment, j'ai pas de boulot...

Cinzano de Bergerac.
– ?
– Ou un truc comme ça...

Je vais bientôt mourir.
– ... vous êtes pas marrant, aujourd'hui.

Mais non, tu les tiens à l'envers, les jumelles !
– Ah bon... ça faisait tout le monde en fourmi.

Quand tu t'en vas, tu me le diras.
– Mais je m'en vais pas !
– Tout à l'heure.
– Putain, quel organisateur, celui-là !

Elle dit que j'en mets trop ! Alors je lui ai dit que dorénavant je ne passerais plus le produit à pucerons.
– Elle a qu'à le faire elle.
– C'est ça, elle a qu'à le faire !

On s'est promenés dans les vignes, on était contents comme des puces sur un chien !

Toute mon histoire mondiale de l'art que j'ai à la maison, tu la porterais pas.

Liverpool ? Liverpool, la ville ?

Ils vont débaptiser Moscou et lui redonner son ancien nom, c'était Romilly.

Il a de l'eau dans le genou.
– ?
– Et si on lui enlève pas, elle va rester.
– !

Gare de Lyon, je me lève, et qu'est-ce que je vois ? J'étais assis sur un noyau de pêche !

Toutes les routes mènent à Auxerre, maintenant...

Les mendiants, on les voit plus dans les pays chauds parce qu'ils mendient dehors, t'en as autant dans les pays froids mais y mendient chez eux par téléphone !

Le plus facile pour la pluie c'est quand elle tombe, c'est la belle vie pour elle, après quand tu sais ce qui lui arrive... LE BOULOT QUE C'EST !

Les chats font sur les tombes.

J'en vois un qui boit rien, là-bas !
– Ah pardon, patron... un demi.

La même chose !
– Ici, y'a pas de choses.
– Un autre demi.

Un mec a inventé le mot DEMI, *alors autant qu'on s'en serve ! Pas vrai ? C'est pas vrai ce que je dis ? Pas vrai ?*

Il est fou, et sans arrêt depuis qu'il est petit il essaie de s'avaler la langue.
– Et alors, qu'est-ce que t'en as à foutre ? !
– ? ! Je raconte, c'est tout !

Dans le car climatisé on était bien, mais faut pas descendre, d'ailleurs on me l'avait dit, en Tunisie, faut pas descendre du car.

Ma grand-mère, elle imite Julien Clerc.
– Paternelle ou maternelle ?

C'est pas en tirant sur l'herbe que tu la feras pousser.
– C'est pour moi que tu dis ça ?

Avant t'avais les Américains d'un côté, et les Russes de l'autre, maintenant t'as plus que les Américains... c'est mon analyse... euh... PERSO !... mais il y en a d'autres, sans doute...

Moi j'écoute aucune analyse de personne, je la fais tout seul moi-même...

Il est tombé dans un trou en allant faire pipi la nuit, moi je vous le dis, ce camping-là c'est fini on n'y va plus !

Des couchers de soleil, des couchers de soleil, tous les jours !

Moi je te parle de la GRANDE cuisine, pas de l'autre...
– Ahhhhhh...
– Eh bien c'est cher pour ce que c'est.

Avec une tente
on est libre,
on peut la plier
et la remonter.

Tant pis, je serai le dernier communiste !
– Pas possible ! Les communistes il en faut au moins deux.

T'as pas maigri ?
– Non.
– Ah... c'est les rayures qui font ça.
– Les rayures ? J'ai pas de rayures !

On a fait des longues balades en montagne.
– C'est mieux qu'en mer, on s'enfonce pas dans l'eau.

… et le soir on buvait l'apéritif…
– Ah dites donc, c'est des belles vacances !

Tu permets ?! Non mais tu permets ?!
– Vas-y… mais le sandre en cette saison.
– Tu permets ?! Non mais tu permets ?!
– Vas-y…
– Ça dépend des coins.

Ils sont sept, et sur les ronds de serviette y'a pas les noms, t'imagines ?!

La mer ça baisse jamais, à mon avis quelqu'un rajoute de l'eau.

C'est une canne de six mètres, des fois même elle arrive sur la route de l'autre côté de l'eau… c'est trop.

Je l'ai déjà dit hier, mais j'aime bien cette nouvelle peinture.

Les tout petits sangliers…
– Les marcassins ?
– C'est ça, c'était du pâté de marcassin.

Y'a pas de vent, là-bas, jamais, ni le mardi ni le mercredi, non non jamais, c'est un pays SANS vent comme on appelle…

Il a les oreilles qui se décollent à la chaleur.

Tu chies sur le glacier, dans un million d'années on dira que c'est une merde de Gastonzore.

J'ai rien entendu.
– Rapproche-toi.

Avant les dinosaures y'avait pas de viande, alors on mangeait de l'herbe en attendant.

Dans la vie faut pas s'en faire, et moi comme un con je m'en fais...

Le pain de mie c'est fait avec de la mie de pain !
– Crie pas, on t'entend.

Des fois le café fait jamais de travaux, après les vacances tu entres, c'est comme si tu mets des pieds neufs dans des chaussettes sales...

J'ai pas une seconde à moi en ce moment.
– Moi c'est pareil.

La terre a de plus en plus de volcans sur elle, si ça continue faudra lui inventer une pommade.

La vipère elle a un V sur la tête, si tu sais pas lire t'es mort.

C'est confirmé que Marchais travaillait pour les Allemands pendant la guerre, c'est dans le journal...
– Quand on entend son accent, c'est pas étonnant.

Vous avez de la chance, vous les motards, toujours sur les routes à dépenser de l'essence.

Je veux aller aux cabinets, j'actionne la poignée... occupé ! Alors j'ai laissé un message, j'ai chié devant ! C'est un nouveau répondeur que j'ai inventé !

Mitterrand se fait injecter du sang de vierge dans un laboratoire secret pour pouvoir tenir le coup...
c'est scandaleux quand on y pense...

Le destin est plus fort que tout ! A cette heure-là, je devrais être à la maison, je te croise et voilà...

Le regret pour la moto, c'est que derrière on peut pas mettre la caravane.

Il y en a qui peuvent pas se droguer à cause des antibiotiques.

On est tous des simples mortels.
– Pas moi ! Moi je suis casse-couilles mortel !

Libre comme l'eau ? Tu parles ! Y'a pas pire prison que le robinet !

Quand je m'énerve, j'ai les doigts de pieds qui se collent entre eux à cause du nylon... quand je porte du nylon faut pas que je m'énerve... tiens ! Je sens, ça se colle...

Caaaaasser laaaa voix !

Tous les matins j'écoute la revue de presse à la radio, eh ben... qu'est-ce qu'y z'en achètent, comme journaux !

Mitterrand est trop vieux, d'abord tout le monde le dit !
– Moi je le dis depuis vingt ans.

Pas plus haut que le bord...

On se demande pourquoi il y a plusieurs pays africains, un seul suffirait largement, pour ce qu'on en fait !

Fermaaaaaa taaaa gueule !

L'écrase pas ! C'est pas une guêpe, c'est une abeille !
– Et alors ?! Qu'est-ce qu'elle vient faire du miel dans notre bistrot ?

Zola, c'est le seul écrivain qui s'écrit presque comme Zébu.

Pour ta gouverne, sache que le demi ça se sert frais... pour ta gouverne...

Bon...
– T'y vas ?
– Pourquoi tu demandes ça ?
– Pourquoi tu dis bon ?

Si y'a trop de lait, y z'ont qu'à pas traire les vaches, qu'est-ce que tu veux que je te dise !

Chez les pauvres on va à la bibliothèque, on apprend à lire sur le rond de serviette...

C'est rien, quand tu as chié dans ton froc devant tout le monde, mais après, il faut réapprendre à vivre...

On peut faire d'excellentes affaires, à la foire à la chaussette !... mais faut s'y connaître en chaussettes...

C'est le bordel dans le dictionnaire, tu as « casting », et tout de suite après tu trouves « castor » ! C'est quand même pas pareil !

Le service militaire à dix mois c'est idiot, ça fait même pas un an...

Ils ont qu'à arrondir à un an...
– Ils viennent de le mettre à dix mois, c'est pas pour arrondir à un an, qu'il est con !

Moi, quand je regarde un match, tu peux crever à côté de moi, je bouge pas !
– Sympa !
– Mais pas toi, quand je dis « tu », c'est un autre...
– Ah bon...

Et ta sœur?
– Ça va.

Si tu sonnes la messe avec une cloche fendue, ça attire les fous, si si, les zinzins...

Si le communisme existe plus, va falloir inventer une autre connerie... mais laquelle ?

Y'a pas deux manchots qui ont exactement les mêmes empreintes de moignons...

C'est les piafs qui vont picorer la couche d'ozone... c'est pour ça que le trou s'agrandit...

J'ai rêvé d'une pompe à graisse alors que, tiens-toi bien, j'en ai une dans le garage !

Ils ont qu'à interdire les pays de l'Est, et qu'on en finisse !

1, c'est un chiffre rond pour moi.

Quand tu mets ton oreille contre l'escargot, t'entends le cœur qui bat...

Surtout si l'escargot il a couru !

Y'a des reportages qu'on a vus cent fois, genre documentaire sur les mini-nègres.

Les Pygmées ?

Ça doit être intéressant de se trouver à l'intérieur de la vache quand se crée la bouse, au niveau scientifique je parle...

C'est de la curiosité malsaine, tout ça...

C'est pas tellement logique de s'intéresser à quelque chose de pas intéressant... – ...
– ...
– ...
– ...
– *A part ça ?*
– *Rien.*

Un brouillard ! Mais un brouillard ! On aurait roulé les fenêtres ouvertes, je te jure on se perdait dans la voiture !

Il est con, tu trouves pas ?
– Il porte une cervelle postiche, c'est pour ça !

Hier, j'ai mangé du pain mou...

L'homme, il a la bite opposable aux autres doigts !

Le nuage il fait tout le tour de la terre, et s'il a pas plu, il gagne un autre tour !

Tu me croiras si tu veux, on traverse le pré, on voit une bouse, on se penche, dessus y'avait un bonbon à la menthe !

La fin du monde peut durer un jour comme un an avant que ça repousse...

Ça nous rajeunit pas,

Y'a des refuges en montagne, y pourraient en mettre quand c'est tout plat aussi, des fois t'as un de ces vents !

T'enlèves l'encre du stylo à encre et tu fous du yaourt, ça te fait un stylo à yaourt... pour le même prix...

Un mec comme Giscard, président pas président il est toujours habillé pareil... on se demande ce qu'ils ont dans la tronche, ces mecs... il a pas qu'un habit, c'est pas possible !

Putain, ça caille !
– On sait...
– Moi je m'en fous, on passe à l'heure d'hiver, je passe à la banalité d'hiver...

Ils ont décidé vendredi sera le jour du poisson, et tout le monde a suivi sans réfléchir.

Le soleil se rapproche de la terre, c'est bon pour les marchands de chapeaux, ça !

C'est lui qui tond sa pelouse comme le facteur Cheval.

Jésus a jamais bossé,

Jules César.

En gros, la poésie, tu fais rimer BOUCHON avec COCHON et PASTIS avec... euh... un autre apéro tu t'en fous... enfin pour dire que c'est pas trop sorcier, la poésie...

T'as autant de vitamines dans une baleine que dans un éléphant.
– Ça, ça reste à prouver...

Les gosses plongent du haut de la falaise pour 1 franc.
– Putain, c'est bien payé, si ils plongent un milliard de fois ils se font leur milliard, les petits cons !
– !
– C'est pas vrai ? Demande au facteur combien il est payé si il distribue un milliard de lettres !

Cinq mille cent francs, grâce à l'ancienneté... je ferais mieux de plonger dans la Seine...

Tu mets plus tes lunettes ?
– Non, je les perdais tout le temps.

Quand y gèle à pierre fendre, dans les squares, ça écarte les fesses des statues...

finalement...

Un glaçon, tu l'amènes dans le désert, y reconnaît rien.

Y refroidissent rien du tout, tes glaçons ! Y sont malades ou quoi ? ! Y z'ont de la température ? !

Tu veux donner ton corps à la science ? T'es fou ! Y vont te mettre dans le frigo pendant qu'y sont en vacances !

C'est du soleil maladif dans ces pays, surtout en ville, ça met du pus sur les tuiles…

Au moins pendant deux heures après le discours, tu lui faisais pas beurrer une biscotte à Hitler… minimum deux heures…

Ils ont dit que l'homosexualité tient dans une partie de la cervelle.
– Putain, si c'est ça, j'en bouffe plus !

Si j'ai le choix, je prends l'éclair au chocolat.
– Et si y'en a pas ?
– Au café.
– T'as pas beaucoup de personnalité, toi…

Van Gogh s'appelait Rembrandt au début, forcément il a dû changer de nom, vu que c'était pris…

Au cinéma je m'endors à cause de la grande image, ça me fait comme au bord de la mer.

Chez les Pygmées t'as que des quarts de litre...

Ce matin il était mort.
– Tu lui as donné de la salade?
– Hé! Tu vas pas m'apprendre à m'occuper des escargots!
– C'est peut-être la chaleur?
– Bon, écoute, parlons d'autre chose, ça vaut mieux!

Je lui prête le journal que j'achète pour faire les mots croisés, il me le rend, il les avait faits!

La souris monte dans la trompe de l'éléphant, et elle vit là... au bout d'un mois elle fout sa boîte aux lettres au bout de la trompe.

Madame Souris,
1 Trompe de
l'Eléphant,
Vincennes...

Si y'a deux souris ça fait 1 bis Trompe de l'Eléphant...

Il a le ténia du cerveau, tout ce que tu dis c'est le ver qui le comprend.
– Non?!
– Si.

... de quoi je me mêle...

Quand le raisin est mûr, il fait le con dans les vignes, alors c'est facile à voir...

Tous les hommes naissent libres et égaux entre eux évidemment ; c'est pas valable pour les surhommes !

C'est pas l'alcool qui saoule, c'est le fait de ne pas respirer quand t'avales.

Si tu piques une radio, autant le faire quand ça passe de l'opéra dedans que la publicité… t'as l'impression de piquer plus de trucs…

Personne a jamais imité Pompidou.
– T'as qu'à le faire, toi.
– C'était comment, sa voix, déjà ?

Toutes les pièces de dix francs qu'ils retirent du marché, ils les donnent à leurs gosses…

Les coureurs cyclistes devraient reverser à une caisse quand on les paye et que c'est des descentes.

Y jouent des symphonies avec rien que des tam-tam, les mecs, je sais pas si tu vois le niveau, et les femmes, elles ont le chapeau plein de mouches.

Le pouvoir ça use, au début Cresson c'était une femme Premier ministre, maintenant c'est plus qu'un Premier ministre…

Quinze ans pour apprendre l'anglais, t'auras plus vite fait de tuer tous les Anglais !

Avec leur changement d'horaire, je sais plus si je viens d'arriver ou si je suis là depuis longtemps...

Un déca et un calva.
– ?
– Oui, un déca et un calva... on a pas encore inventé le calva décalvaïsé, à ce que je sache, alors un déca-calva !

J'ai toujours mon Opinel dans la poche, des fois que j'aie à couper du saucisson...

Ça peut arriver.

Faut toujours tout expliquer ici...

Moi ça me plairait pas qu'on m'appelle monsieur Bidule, lui ça lui fait rien.
– Y porte bien son nom, finalement...

C'est une vedette dans le quartier, il a été à la même école que Bourvil...

Je lisais pas quand y'avait Pivot, je vais pas commencer parce qu'il est plus là !

Il a pas de freins sur son vélo, et tout ça finira mal...

Pour moi, faut que la femme soit jeune, sinon ça gâche le film.

Et ces vacances ?
– A chier.

On peut être beau à l'intérieur et laid dehors, mais franchement, moi je préfère le contraire.

Ça se voit qu'on est à l'automne, elle est toute feuille morte la patronne.

C'est bientôt les vendanges, alors le raisin attend le taxi.

Imagine ce qui peut se passer si tu laisses tomber le rasoir électrique BRANCHÉ dans la mer ! T'imagines l'électrocution jusqu'en Amérique ? !

T'imagines ?

Tu m'écoutes ?

Il veut commercialiser des étagères en forme de Gainsbourg.
– ? !
– Ben oui, je sais, c'est bizarre, il dit pour ranger des disques.

J'ai pas d'ordre à recevoir de ma télé !

C'est la fin des idéologies.
– Moi je m'en fous, j'en avais pas, d'idéologie. D'habitude, toutes les merdes qui marchent pas je les ai, pas celle-là !

L'homme est pas fait pour travailler, c'est pas naturel.
– C'est anomalique.
– Mais oui...

On a fait des promenades dans les bois, on voyait personne jamais, comme dans une forêt contaminée... ah on était bien tranquilles !

Si le loto se jouait au niveau planétaire, c'est des gains de mille milliards qu'on verrait !

C'est trop.

Le cochon c'est pas tellement sauvage, on en trouve dans les assiettes...

Une taupe, si elle sort et qu'elle perd les clefs de la motte, elle est bonne pour coucher dans le pré.

Moi j'aimerais bien être chanteur à l'Opéra, mais le malheur c'est le bordel pour se garer.

Quand le mec lui a tiré dessus, pourquoi il a pas fait un miracle le Pape pour se défendre ?!!!
– Il a pas le droit de faire des miracles, y faut que les mecs soient au moins dix.

Un bordel dans sa boucherie, une vache y retrouverait pas son veau !

Les mariages c'est toujours le samedi, mais les ânes qui s'enculent dans les prés, c'est n'importe quel jour.

Imagine que Mitterrand soit une femme, tu vois la vieille mémé que ça ferait ?! Tu vois ?!

Le Pen, lui au moins, il est jeune.

Elle est bien comme boîte, ils laissent entrer ?
– Moi quand j'y vais, je suis comme ça...
– ...
– Je sais pas pourquoi je te dis ça, j'y suis jamais allé.

Sans la moelle épinière on peut pas marcher, c'est un peu la chaussure du système nerveux...

Cette année je vais essayer de moins picoler des saloperies... il est bon ton Kir ? Alors un Kir.
... comme ma grand-mère elle disait, la terre c'est tout petit, ça tient sous la semelle des souliers.

Ce qui est pratique surtout pour la lessive, c'est que les Indiens portent pas de chaussettes...

Une Suze ?
– Pourquoi ?! J'ai une tronche à boire du vin ?!

J'ai eu une de ces flemmes !
– Quand ?
– Oh, y'a dix minutes.

Nouveau proverbe, y'a pas de fumée sans mec qui fume.

Moi je serais pas plus étonné que ça si on apprenait que les communistes sont pleins d'arêtes...

Bourvil il aurait su quoi répondre, lui...

Les fausses cartes bancaires tirent de l'argent qui n'existe pas.
– ?
– Sur des comptes fictifs.
– ?
– C'est mon cousin qui dit ça.
– Il est vivant, ton cousin ?

Un jour Mitterrand va pas se réveiller, et faudra le remplacer par un vieux plus neuf.

Moi, je serais le soleil, je me coucherais aussi pour la sieste.

Un Mont-Blanc à 300 sacs, ça fait des fautes comme les autres stylos à 1 franc, c'est que de la frime !

Va bientôt falloir renvoyer des missionnaires dans les banlieues... et construire des églises et tout le tintouin !

Les nudistes sont tout le temps tout nus, et même quand ils sont obligés de s'habiller, en dessous ils mettent pas de slip pour rester à poil !

Quand il chante, c'est qu'il est content, et quand il casse tout, c'est qu'il est pas content.
– Il est pas compliqué comme mec.
– Pas trop.

J'aime bien mon quartier, les gens achètent du pain et ils n'ont pas l'air d'avoir de problèmes.

Un bon dictionnaire, pas besoin de le changer tous les ans...

La femme c'est une fleur, faut la garder dans l'évier comme dans un vase...

Dans chaque grain de raisin, y'a autant de calories que dans une grappe, tellement c'est sucré.

Avec les gels que la vigne a connus cette année, on n'est pas près de boire du vin chaud !

La route des vins c'est plus assez, nous on fait l'autoroute des vins pendant l'été !

Moi je dis, ça va mal finir tout ça !

A Cousteau, hier, ils montraient des crevettes, ça radote un peu comme émission...

T'as plus de vendangeurs, tout est ramassé par des machines ! Comme si elles s'y connaissaient en pinard, les machines !

A l'ère glaciaire, tout n'était que glaçon.

Après l'ouverture des frontières, tu sais ce qui va se passer ? Tout le monde va demander la fermeture des frontières ! Tu paries ? !

Sur la lune c'est presque comme du désert, ça m'étonnerait pas qu'on trouve des chameaux… un jour…

Les Romains étaient pas très « peinture ».

Paraît qu'Yves Montand a commencé en faisant du porno…
– Oui, c'est pas tellement étonnant.

Il vend des œufs, y'a pas de jaune dedans, et personne sait comment il fait pour les enlever mystère…

A l'époque, avec une pièce d'UN FRANC tu pouvais te payer une pute, une moche, mais une pute quand même.

J'ai marché
sur son grillon
alors ça a fait
un drame.
C'est chiant, la
campagne,
pour ça.

Tu bois quoi ?
– J'étais au pressing et je me suis endormi devant la machine, alors je vais prendre un café.
– Dis donc, t'en as des aventures, toi…

Ça lave bien le linge ?
– Ça lave la tête surtout.

Les Chinois de Chine sont très poujadistes…

Si on doit voter pour le plus raciste de tous les hommes politiques, ça va pas être facile de choisir, maintenant !

La syphilis, à côté du sida, c'est la Rolls des maladies de la bite !

Les montagnes c'étaient des tas de vase, et à force de sécher c'est devenu du caillou, en des milliards d'années bien sûr, pas en deux jours.

Il va voir des putes qui ressemblent à sa femme, alors là tu m'expliqueras !

Mourir d'un SIDA *ou d'autre chose… je préfère autre chose… remarque si on peut choisir.*

Et si Hitler il avait été Noir ? !

Un porte-monnaie en lion, ça coûte du pognon, ça.

Ils en sont à étudier V.H.
– ?
– Ben oui, Victor Hugo… mais y disent V.H. maintenant les jeunes.
– V.H. ?
– V.H.
– ?
– V.H.
– !
– C'est comme ça, maintenant…
– V.H. pour ?
– Victor Hugo je viens de te dire.

Mon neveu a grandi…

Son neveu a grandi.

A faire, les raviolis c'est plus difficile qu'on croit, mais finalement c'est moins dur qu'on imagine…

Marée haute, marée basse, marée haute, marée basse, comme ça tout l'été…

A force de détruire les forêts, eh ben on mangera plus de champignons, voilà ce qu'on va gagner !

Le mur de Berlin, admettons, c'était beaucoup, mais faudra au moins remettre un rideau…

L'immortalité, ça fait combien de dimanches ?

Tu peux faire disparaître une espèce en faisant du pâté avec, bien sûr que si !

Les paysans russes ils ont UNE puce par personne, pas plus...

Quand tu lis la vie des grands écrivains, une page sur deux y sont au restaurant, les mecs, et y z'écrivent quand ? !

Si tu touches des fils haute tension, un t'es carbonisé, deux ta famille touche une amende.

T'as vu ce temps ? ! Ils ont passé le soleil au Miror, ou quoi ? !

C'est rare qu'un bébé vive plus de cent ans.

La carotte est née au Moyen Age, mais à l'époque ils en mangeaient pas, ils s'en servaient pour teinter les drapeaux.

Jeanne d'Arc a pissé sur le feu, mais ça n'a pas suffi...

Cresson, je lui ferais même pas descendre la poubelle...

Chirac, y se tape Dorothée.

Tous les mélomanes te le diront, Karajan c'est de la merde.

Faudrait me payer cher pour retourner à l'école ! Je les vois, les jeunes de maintenant, ils apprennent des choses qui servent même plus le lendemain !

Les HLM, ils les donnent EN PRIORITÉ aux Noirs qui travaillent pas depuis cinq ans, eh ben c'est dégueulasse ! Moi je travaille pas depuis deux ans, je vais passer derrière !

Tu connais le proverbe,
quand le sage montre la lune,
le connard regarde le doigt.
– Eh alors ?! Il a raison, le connard ! Y'a rien sur la lune.

C'est important, une famille, sinon avec qui tu discutes ?

Moi je préfère être con que trop intelligent.
– Moi c'est pareil.

Au fond ?

La tristesse au fond c'est mieux que la gaieté, au fond...

L'école ça sert à rien ! Ou alors si ! Au bistrot en face !

Mitterrand a des fausses dents maintenant... et même, si ça se trouve, c'est une fausse tête !

J'aime bien le piano comme instrument, on peut garder ses chaussons...

Tu dis ?
– ...
– *Tu dis ?*
– ...
– *Tu dis ?*

Si la campagne disparaît, où c'est qu'on va ranger tous les arbres ?

Sans agriculteurs, y'aura plus de campagne !
– Tu parles ! Y'en avait avant l'homme, y'en aura après les ploucs !

Pas vrai ?

Pas encore bourré ?!
– Quelle heure il est ?

Il s'est mis de l'encre dans les yeux pour faire lunettes de soleil !
– Ah la la, ces gosses...

Des jumeaux habillés pareil, tu les reconnais à la radio des dents...

Où tu veux en venir ?
– En changeant l'heure, on va finir par abîmer les pendules...

Les gens vivraient déjà très bien s'ils mangeaient ce qu'ils réservent à leurs animaux...

L'hirondelle est entrée par une fenêtre de la cuisine et elle est ressortie par l'autre fenêtre de la cuisine... comme si y'avait pas eu de cuisine...

La pomme
se décroche,
elle croit
qu'elle vole elle,
et elle tombe
dans la bouse !

Tu connais l'énigme du « masque de fer » ?
– Non, et je m'en branle !
– Tu diras pas la même chose si ça passe à la télé !

Il a plu ? Les trottoirs sont tout mouillés ? !
– C'est la voirie qui est passée.
– Ah... je me demandais si j'étais pas devenu fou.
– T'es pas fou.

En train t'as aussi vite fait qu'en avion maintenant, et l'avantage, en train, tu vois passer les arbres sur les bords...

Si tu parles au niveau du cosmos, trois millions de chômeurs, pour la galaxie c'est pas beaucoup ! C'est rien, même...

J'ai de l'hypertension.
– Tout le monde en a maintenant, même en Ethiopie y'en a !
– Heu !
– Mais bien sûr ! T'écoutes pas le poste, toi ? !

J'apprendrai l'anglais quand les Anglais apprendront le français, y'a pas de raison que c'est toujours nous aussi...
... qu'on fait l'effort...

Moi je crois en Dieu, alors je me dis que sur terre je glande, et au paradis je ferai des petits boulots genre du jardinage...

Plus vite je serai mort, plus vite on m'amènera des fleurs !

Comment tu vas, dis donc ? !
– Comme un verre cassé.

Une vie sans pognon, eh ben c'est quand même une vie, mon p'tit pote !

T'en as à foutre ? !

Oui, t'en na à fout ? !

Ta na à fout ? !

Tanana à fout ? Hein ? Tanana à fout ? !

C'est dans les marionnettes de Canal + que un con y fait tout le temps… tanana à fout ! Hein ? Tu prends le pognon ! Tanana à fout !

Il a raison, le con.

C'est super, leurs conneries, les marionnettes elles bougent !

Au fait, et ta dent ?
– Le feutre est parti mais ça a pas été facile.

Ce con, y s'était fait une dent en moins avec du feutre, t'aurais vu la tronche pour aller à l'ANPE !

Il a eu du boulot ?
– Non.

De toute façon y'a des guerres partout ! Alors…

C'est point-de-vue image-de-merde, ce canard !

Tu me le prêtes ?

Un Américano, s'il vous plaît…
– Non, monsieur, nous ne faisons pas cet article…

Tu bois quoi ?
– Deux trois litres dans la journée...
– ?... !... mais non, je te demande ce que tu veux boire ? !
– Ahhhhhhhh... ben un ballon... un grand.

T'as pas de chômage, au Japon, ce qui fait que t'as pas de chômeurs, ou alors presque pas...

Le cycliste qui fait 100 kilomètres par jour pour s'entraîner, mais j'ai envie de lui demander pourquoi il en fait pas plus !

A cause du trou d'ozone, on va plus pouvoir sortir des cafés si ça se trouve...

J'ai une photo de Victor Hugo à Cajarc.
– ?

Dans le Lot.
– ?

J'en ai dix-huit moi des pin's !

Si tu mets le dimanche le lundi, ça te décale la messe, forcément...

Si ça se trouve...

On sait pas.

Il a dormi jusqu'à quatre heures sur le comptoir, après je l'ai réveillé pour l'apéro.

Y'a des oiseaux qui se posent jamais parce qu'ils ont pas de roue.

Pour une chance,
c'est pas de chance.

Dans le fût du canon, si tu fous un mec qui tire à l'arc, ça fait bizarre quand la flèche sort !

Pompidou est enterré sous Notre-Dame, mais c'est secret.

C'est un vin qu'on boit plus pour le plaisir que pour la soif.
– Je le connais !

Une idée, si t'en as deux ça se bouscule, non non, une idée, c'est une idée, et c'est bien.

J'ai demandé un Kir à la mûre ! Et ça c'est quoi ?
– Un Kir à la mûre.
– Ah bon...
– Faut goûter avant de gueuler !

Si ça se trouve, les Chinetoques font semblant de parler, qu'est-ce qui prouve que ça veut dire quelque chose, hein, qu'est-ce qui prouve ?

Si je dors une heure, je ronfle une heure, ah moi je suis réglé comme ça !

Sale nègre !
– Toi tu pues la peau de cochon bouilli !
– ?

On va bouffer ?
– Tu penses qu'à bouffer, toi !
– C'est du hachis salade au Relais.
– On y va.

Chacun sa télé,
et les yeux seront
bien gardés !

T'as regardé la télé, hier soir ?
– Non, pourquoi ? Y'avait un truc ?
– T'avais qu'à regarder !
– Tu veux pas me dire ?
– T'avais qu'à regarder ta télé !

Ottavio ?
– Oui, Ottavio.
– Ça fait ravioli comme prénom, ça.

Mozart,
bourré, y fait
comme tout
le monde, rien.

Un nuage, c'est un gros aquarium, t'y fous du gravier et trois poissons, ça fait beau.

Le manche
du couteau en os
de bifteck…

Tout peut
arriver,
dans la
vie, mais
en général
c'est les
trains.

Dans le noir, au cinéma, si le film te plaît pas, eh ben t'es coincé mon pote !

Faut pas confondre « bisque » et « bixe », ah non faut pas confondre, d'autant plus que « bixe » ça veut rien dire.

L'eau du robinet vient de chez le voisin, et inversement…

Pousse mousse, y pousse et ça?
– ?… lave.
– Putain, il y connaît rien en pub…

Comme à l'hospice on n'a pas droit de leur faire entrer de l'alcool, j'en mets un peu sur son pain d'épices…

Et il est content?

Il est heureux.

J'ai mangé un fromage comme t'en mangeras jamais, tout pourri!

Quand on est mort c'est comme quand on dort.
– On se réveille?

La force est avec lui! C'est Tarzan!

Salut Tarzan.
– Salut pt'it con.

Si tu vois René, tu y dis que je suis ici!
– Il est au Ronsard.
– Putain, t'aurais pu le dire plus tôt!

La réalité.
– Quoi, la réalité?
– Non, non, c'est « actualité » que je voulais dire…

C'est pas pareil.

Bonjour la philo!

Avant on regardait les grosses motos et les pédés, mais maintenant y'en a tellement qui passent, on se retourne plus…

Un « ballon de rouge », ça porte bien son nom, c'est en forme de ballon et en plus, dedans… tu connais la suite…

C'est pareil
pour un petit
blanc.
– Pareil.

Par quel miracle on est en 1991, ça…

A l'intérieur d'un nain t'as pas de lumière.

Celui qui n'a jamais jamais mangé de boudin mérite un prix aussi, non ?

Moi j'en connais pas.

Au fond c'est un truc artistique si t'arrives à faire une vie sans manger de boudin.

Si c'est ton truc…

L'amour ? Moi maintenant y me faut du pain avec…

Moi je m'en fous, si on m'opère du genou, j'arrêterai pas de bouger, alors y seront bien obligés d'arrêter !

La misère… pourquoi tu me parles de la misère d'abord ?
– Comme ça…

Un autre pastis s'te plaît…
– Et de six !

Il est saoulant quand il parle, celui-là !

A partir d'un filet d'hareng, les paléontologues te dessinent le hareng entier ?

Avec du hachis Parmentier, y te refont le bœuf, si monsieur !

Si je t'encule, tu dis quoi ? – Je dis... je dis... je dis arrête de m'enculer, je sais pas moi, tu me prends au dépourvu.

Evidemment !

Si la poule est allée au bal, ça se voit dans les œufs.

Je suis rentré tard parce que j'étais bourré, tu sais ce qu'elle lui faisait à manger au gamin ? Du maïs !

Comme à une poule ?

C'est des coups à se mettre à boire, ça...

Elle épluche les pommes de terre devant la télé, et même si c'est la guerre qui passe, elle s'en fiche elle continue à éplucher...

C'est pas la guerre qui va les éplucher, les patates...

Hein ?

Tiens !

Faut que j'y aille...
– ...
– Faut que j'y aille...
– Eh ben vas-y !
– Oh ! J'irai quand je veux, c'est pas toi qui vas me commander !

Un beau bout de viande, c'est une peinture !

La boucherie est un beau métier par rapport à la charcuterie qui est un sous-ordre dans l'évolution des hommes... t'as toujours eu des bouchers depuis l'homme des cavernes ! Et des charcutiers ? Y sont apparus à la dernière guerre, avec le marché noir !

Quand tu pleures, c'est de la pisse qui remonte, c'est ce qu'on lui dit quand il pleure...

Bon... moi je vais faire mon petit marché...

Il dit que la musique attendrit la viande.
– Et c'est vrai ?
– Je sais pas... en tout cas il a de la musique dans sa boucherie et la viande est tendre !

Les cèpes viennent pas des bois, y viennent de Rungis.

Il a raison, c'est la saison...

Je vais faire du chou !

La lune est plate, et en tout cas si elle est pas plate, on dirait bien qu'elle est plate !

17 kilos de cèpes on a trouvés, 17 kilos ! C'est trop, moi j'y vais plus !

Tu fais une croix au couteau sur la pointe du suppositoire, il explose à l'intérieur.

La fin du monde va concerner que la terre, la lune ça lui changera pas ses habitudes !

Je penserai des choses quand les opinions redeviendront à la mode !

Un beau coucher de soleil, ça fait penser à la soupe de poissons, moi en tous les cas.

L'homme creuse des piscines pour marquer son territoire...

Une année ça fait 365 jours, c'est facile à compter, on est debout, mais la nuit je sais pas, moi la nuit je dors !

Les égouts sont un monde à part, ah oui à part monsieur Légo.

Si la technique peut soulever une montagne, faudra pas que la technique nous la laisse retomber sur le pied, pas vrai ?

Tout ça finira mal, moi je vous le dis ! Toute la France va faire la grève, et même nous !
– Tu bosses pas, toi.
– Justement, je vais chercher du boulot, juste pour les faire chier qu'y en a pas, justement !

Sa grève c'est de chercher du boulot, qu'est-ce qui faut pas entendre, des fois !

Tu as un monde qui existe, et un monde qui existe pas, et tu peux passer d'un monde à l'autre SI TU AS LA CLEF DU MUR ! Sinon, tu peux te brosser.

Moi je serais éleveur, tu sais quoi ? Je tuerais les ministres, et j'épargnerais mes vaches !

La sécheresse ? ! La sécheresse ? ! Elle a pas disparu, toute cette eau ! Elle est dans des tuyaux secrets, oui !

Un poisson qui se casse une arête, tu lui fous pas un plâtre, tu le mets en croûte.

J'en ai mangé de la vache enragée dans ma vie, eh ben je me plains pas, c'est mieux que des nouilles enragées…

Il est tombé dans l'escalier quand il était petit, et depuis y boite.
– Comme Obélix !
– T'as pas écouté ce que j'ai dit.

Le vent, force 9, ça équivaut à un 4 étoiles en mots croisés.

Elle aime les plantes vertes ? Alors achète une fougère.
– C'est pas une plante, une fougère, ça pousse dans les bois.

Pour rien au monde je voudrais être ministre ! T'as vu les mange-merde que c'est ? ! Si c'était le patron qui était au pouvoir, tu les verrais tous au comptoir tout d'un coup ces merdeux !

C'est un ancien marquis, lui…

Moi je ne fais pas de politique au café…

Qui ?
– Lui.
– Quoi ?
– Un Kir.
– Alors un Kir pour lui.
– Oui.

La famine ? Moi je boufferais des journalistes, t'en as partout dans ces pays-là.

Le trop est l'ennemi du bien, comme y disent dans *Platoon*…

C'est maintenant ou tout de suite !
– Bah… on se retrouve.

sa communion, après c'est devenu la coutume

Si tu filmes quelqu'un qui pense et tu le passes à l'envers, ça donne un mec qui déconne.

Dans les anciennes pièces de monnaie t'avais un trou, c'était pour voir si t'en avais pas une autre derrière...

Y'avait 500 assiettes, heureusement que y'avait la machine...

Avec cet appareil on voit la nuit.
– T'en as à foutre, la nuit tout est fermé !

L'oranger était couvert d'oranges ! On aurait dit un cageot sur pilotis !

Paraît que le trou de cul sert pour l'équilibre ?

– Hein ?

Ils tirent des obus de mortiers dans les fenêtres, en ce moment c'est pas la peine de faire les carreaux en Croatie !

C'est là qu'on se dit on n'a pas d'amis...

Elle mettait du fromage dans sa bouche.
– Elle mangeait ?
– Oui, mais une belle femme comme ça, du fromage dans la bouche !

On peut pas dire qu'ils aient fait la tour Eiffel en fer à cause du ver à bois, mais en tout cas, ça tombe bien.

Sans l'os nasal, t'as encore de l'odorat, mais t'oses plus sortir.

Avant c'était un coin à cèpes, maintenant c'est un coin à bagnoles.

Tout ceux qui ont vendu le sang contaminé, et le Fabius pareil, je les piquerais avec, moi, tu verrais !

Avant la transfusion, faut obliger le docteur à y goûter.

En une seconde t'as le temps de rien foutre, on se demande pourquoi on les garde !

Moi, quand je me couche, c'est pour dormir, sinon je reste debout, ou même assis à la limite.

On te met dans les glaces, et tu te réveilles dans un milliard d'années, si avec ça t'es pas invité à la télé, ben merde !
– C'est plus intéressant qu'un chanteur, c'est sûr.

Regarde ce con-là qui porte la valise alors qu'y'a les roulettes !

Con comme lui, c'est difficile…
– Comme qui ?
– Ben comme lui, là !
– Oui, lui.
– Il est con, lui ?
– Lui, con comme lui, c'est difficile…
– Comment tu sais qu'il est con, lui ?
– Lui ? Comment je sais qu'il est con ?
– Oui, comment tu sais qu'il est con, lui ?
– Ce con ?
– Oui ce con…
– Tu parles ! Ça se voit un con pareil !

C'est une vedette, lui !
– Ah oui, c'est une vedette !

Attends attends me dis pas, me dis pas… c'est pas celle qui ressemble à la Castafiore et qui vend du bon pâté ?
– C'est ça.
– Je la connais, c'est la charcuterie en haut du marché.
– C'est ça… eh ben elle a fermé.
– Non ?
– Si.
– Et pourquoi donc ?
– Pourquoi donc, pourquoi donc, on n'est pas dans la tête de la charcutière !

De qui y parlent ?
– De l'autre con là.
– Lui là ?
– Oui, lui.
– Et il est con lui ?
– Tiens, il s'en va.
– Qui ?
– Ben le con tiens !

Bon, à part ça…

C'est nouveau ! Maintenant, y'a des pin's dans les cacahuètes !

Les parfums sont de plus en plus artificiels, pour la rose, souvent t'as du pneu et pas de fleur.

Dedans ?

Ben oui, dedans.

Réfléchis pas trop, tu vas perdre tes câpres !

Y'a toujours pleins de moutons sous le lit, quand on se couche ça fait plus doux.

Quand tu les jettes en l'air, les chats retombent toujours par terre...

Des châtaignes à la cheminée et un coup de rouge, c'est ni mieux ni moins bien qu'une pute appuyée à un feu, c'est pas pareil, c'est tout...

C'est un rat mangeur de suppos, il est jamais malade.

Le Proche-Orient, mais c'est à la Belgique qu'y faut mettre Proche, la Proche-Belgique et le lointain Orient !

Faut faire gaffe avec le cerveau, si t'enlèves un bout et que c'est pas celui-là qu'il fallait enlever !

Ça fait pas mal de mourir de faim, ce qu'il faut c'est penser que tu meurs d'autre chose et ça va...

Tu paries ? Quand tu dors, elles ferment leurs yeux, tes lunettes ! Et le matin, elles les rouvrent avant que tu te réveilles !

On sait même pas si c'est au Nord ou éventuellement au Sud.

Tous pour un !
– Un Pastis !

Les hommes préhistoriques peignaient sur les murs de la grotte, et peut-être qu'un jour on trouvera une grotte avec du papier peint...

C'est un connard, dans ses rêves tout le monde est en costume, tu peux être sûr !

Un grand verre de lait, s'il vous plaît monsieur !

Du lait de vache ?

?

Tout le monde le regrette, le mur de Berlin, en plus le matin ça faisait un peu d'ombre sur les tomates, c'était mieux pour arroser.

?

Madonna, elle est finie.

Il pleut à Viroflay, je le sais, j'en viens.

T'as encore acheté des bananes ?!
– J'ai la banane-mania.

Avec moi Mitterrand ça serait de force à l'hospice, on le fait bien pour les autres vieux, alors ? ! Et tu verras qu'après il remerciera...

Pourquoi tu me regardes comme ça ?

Il mesure un mètre soixante-quinze, et tout le monde dans sa famille mesure un mètre soixante-quinze, quand il est chez lui, c'est Gulliver chez les normaux...

Terminator, tu sais ce que tu vas voir alors tu n'es pas déçu, c'est l'avantage de ce genre de cinéma, tu n'es pas surpris, tu comprends ?

Chaque fois qu'il ouvre la bouche c'est pour dire une connerie, c'est un génie, ce mec !

Quand Gulliver est arrivé à Lilliput, tout de suite ils l'ont mis dans le livre des records !

Système D ?
– Ben oui, système combine quoi...

J'ai mal dormi, comme si j'avais une ampoule qui éclaire dans le cerveau.

J'ai perdu sa trace dans le marché, il se planque pour pas payer son coup !
– Il est malin... on l'appelle pas l'Indien pour rien !

Faudrait que Dieu soit élu.

Il faudrait que Dieu soit élu ! Commence à bien parler déjà avant de faire élire Dieu !

Ce sont des arbres qui peuvent vivre jusqu'à mille ans, avec ça tu peux faire des meubles que tu gardes vingt ans.

Nous on commence à mettre du beurre sur la fenêtre pour les petits oiseaux.
– Nous pas encore.
– Ah bon ?
– Oui, mais on met des miettes.
– Ah...

Y vont nous foutre des gendarmes dans les bonbons à la liqueur, ces cons !

Une conférence pour la paix, tu la fais pas à Madrid si tu veux que ça marche, tu la fais dans un petit hôtel au bord de la mer, hors saison... là tu la sens la paix, sur le petit port, t'as plus qu'à ramener ça chez toi.

Maladie et famine sont les mamelles du docteur.

J'ai le droit de boire qu'en mangeant... on va bouffer ?

J'ai trop bouffé.
– Moi c'est pareil, sauf que c'est du trop-bu que j'ai.

Je sais pas c'qu'ils mettent dans leur vin, mais qu'est-ce qu'on était bourrés !

T'as pas vu une soucoupe ?
– Volante ?
– Mais non pas volante, pour les cacahuètes, qu'il est con, celui-là ! Volante…

J'aime pas danser pendant la musique, moi pendant la musique, je bois une bière…

Les génies ont la cervelle deux fois plus grosse que la normale, si t'en manges, tu peux pas tout finir.

Ils ont les cheveux plantés dedans tellement y'en a…

Faudrait avoir deux bouches, une pour parler et une pour boire, c'est vrai quoi, les yeux ça sert pas à voir et à éplucher les légumes, ça fait qu'un truc !

Quand t'en as vu un, tu les as tous vus…

Si tu les nourris et que tu les habilles, les spermatozoïdes grandissent et tu peux les avoir chez toi.

Quand ça passe par la mère, c'est un plus, c'est tout.

Ne me fais pas dire ce que j'ai pas dit.

… si je devais amener qu'UN disque de Mozart, un seul, sur une île déserte, je prendrais la 5e symphonie de Beethoven.

Le sida, c'est comme un coup de fusil que tu tires avec la bite, au fond, c'est ça…

Nicolas Hulot, y marche dans la merde, celui-là, y dit que c'est l'Amérique…

Un jour on en aura dans le boudin, avec leurs conneries de faire n'importe quoi !

C'est une mer qui a pas de marées, elle bouge pas, à la vitesse d'un cheval qui mange dans le pré.

Elles ont des plumes au cul et les nichons à l'air, deux nichons pas plus, c'est les blancs.

L'opérette ? C'est de l'opéra vinaigrette !

Les danseuses nues dansent à poil, si !

Les modèles réduits sont tout un monde en miniature.

Si c'est la France qui est la vitrine de l'Europe, eh ben ça va être souvent fermé !

C'est un boucher qui a de la très belle viande, tu le verrais torse nu !

Ça s'appelle les films X parce qu'en général, dans ces films, ils sont x à s'enfiler !

A force de rapetisser les salles de cinéma, ça finira par des projections individuelles en cabine, comme les pornos.

Le moteur à eau existe, mais ils se le gardent pour eux, les puissants !

Pour l'embauche ils étudient ton horoscope maintenant ! Tu peux pas être toréador si t'es taureau, eh ben c'est la même chose !

Le direct, on voit si ils ont grossi.

Sur la coccinelle c'est les points qui sont jolis, sinon, c'est rien qu'un insecte horrible !

Chez les champignons t'as des mortels, mais t'as des blesseurs aussi...

Une émission en direct qui passe à la télé, moi je vois surtout des gens qui sont encore au bureau alors que moi je suis peinard chez moi... j'aime bien ça, surtout quand c'est une émission en direct tard, après faut qu'y rentrent les pauvres ! Moi je dors.

Y'a plus de bons films, aujourd'hui...

Son café et son pousse-café, on dirait un vélo qui tire une caravane !

C'est comme les films de tout à l'heure, on trouve plus de bons bouchons.

Y'a plus de bonne musique non plus.

Y'a pas de bons bouquins.

Il y a plus de différences entre les champignons qu'entre les Chinetoques…

La poireaux-pommes-de-terre, c'est comment dire, la soupe étalon !

En Ethiopie, si tu leur parachutes de la choucroute, y se font des cabanes avec…

Quand t'en as jamais vu…

C'est des magouilleurs, y s'en mettent plein les fouilles, y s'amnistient quand y se font piquer y voudraient pas qu'en plus on les aime !

Si je te dis « saucisson », tu penses quoi ?
– Cochonou.
– Voilà, c'est ça l'abrutissement de l'homme dont je te parle ! A cause de la faute à la pub !

Tout le monde regarde la publicité, et ils le savent, ah ah, ils sont malins, les salauds ! Alors du coup ils en mettent !

Pour remplir une étagère maintenant, avec leurs Compact Disc ! Je me souviens avant, avec dix trente-trois, t'en avais plein la chambre !

Des bouteilles à un million, c'est pas pour boire... pfu...

Tous les jeunes de la télé que tu regardes maintenant, eh ben un jour ça sera tous des vieux de la télé...

La télé c'est un truc pour les vieux, y devrait y avoir que des vieux dedans...

Picasso, vaut mieux l'avoir en peinture qu'à bouffer !

Un mec comme Fabius qui vend du sang qui a le sida, pour moi c'est la peine de mort, ah j'hésite pas, c'est la guillotine...

C'est des fous de la voltige ! Ils passent sous la tour Eiffel avec leur avion, sous l'arc de Triomphe, sous la tour Montparnasse !

L'hiver, il tranche sa viande plus épais, comme ça le bifteck a pas froid.

Les vrais voyages interstellaires, c'est d'un bistrot à l'autre en buvant de la Stella !

C'est un proverbe qui dit, si la merde valait de l'or, les pauvres auraient pas de cul... je l'aime bien, ce proverbe...

C'est un espèce de camembert pasteurisé, autant dire qu'ils lui ont arraché les couilles !

Tu verrais comment y traitent les vieux, dans c't'hôpital ! Y les laissent mariner dans leur pisse toute la journée ! Remarque, tu me diras, y z'avaient qu'à pas pisser au lit, c'est vrai, mais bon... c'est vrai.

Je ne comprends pas pourquoi les vieux pissent au lit !
– Personne comprend...

Ça dépasse l'entendement.
– Quoi ?

J'aime pas lire, pendant une heure tu regardes un bout de papier, non vraiment j'aime pas lire.

Il est pas intéressant comme un plafond qui goutte.
– Qui ?
– Tu sais très bien de qui je veux parler...

Mitterrand il insiste parce qu'il a pas le droit au chômage.

Pour avoir le prix Goncourt, faut toujours que sur la première page du livre, il fasse beau, si y fait beau, tu l'as...

Ça veut bien dire
ce que ça veut dire !

C'est con.

C'est comme ça.

Recommence.
– Blublu !
– Il est con, lui.

Il en veut à
Claude depuis
l'affaire du
camion…

Il est nul à l'école,
je lui dis c'est pas
grave, tu joueras au
Loto.
– En plus c'est vrai.

Un monde
parfait, c'est
de l'utropie.

Sans la police,
t'aurais pas la
gendarmerie.

Le mystère de la
chambre jaune.
– Jaune ?
– Oui, jaune.
– C'est de la peinture,
ou du papier ?

Le mec qui a inventé
l'anglais, même si
on s'en fout c'est quand
même du boulot.

Si les Grecs avaient fait
les temples en bois, t'as
des petits cons qui
auraient piqué les
tabourets, c'est sûr, ça…

Tu le croises à
Pigalle
à minuit, il a ses
lunettes de soleil,
t'avoueras que c'est
un frimeur non !
Non ? Je déconne ?

Tu baises souvent ?
– Une fois par mois, je
suis pas un pédé !

Je savais pas quoi dire.
– Alors ?
– J'ai rien dit.

Finalement, une montre qui retarde, ça te fait gagner du retard !

Finalement...

... la cuisine...
– George Sand ? Cette connasse ?!
– Et alors, ça n'empêche !
– George Sand ? Cette gouinasse ?!
– Ah non c'est Colette !
C'est Colette pardon !
– Colette ? Cette salope ?!

... enfin tout ça pour dire qu'on a bouffé des haricots.

Vous avez entendu la nouvelle que Montand est mort ?!
– Pas bien, j'étais dans le camion, alors ?
– Alors il est mort.

Chez les morts, c'est Coluche que je préfère.

Si je devais bouffer avec un mort par exemple...

Maintenant qu'il est mort, tout le monde va dire qu'il est bien ! Au fond c'est comme pour le cochon, dès qu'il est tué on dit qu'il est bon !

Pourquoi on les empaille pas, les grandes vedettes qui meurent ?

Maintenant qu'il est mort, il est à égalité avec nous qu'on est vivants, il a pas de sous !

Une femme qui t'aime, faut la tuer avant qu'elle change.

T'envoies des sous au Sahel, tu parles, les mecs ils les boivent !

La femme girafe a un grand cou, tu parles d'une imagination...

Quand je suis arrivée à Paris avec ma valise, je me suis dit faut faire un effort pour rencontrer des gens, alors j'ai adhéré au club français alpin...

Il faudrait trouver un meilleur moyen pour faire du papier sans couper les arbres, du papier en bois de vieux meubles dont personne ne veut, par exemple.

J'ai rien à dire, alors je dis que je suis timide mais c'est faux, je suis con, c'est tout.
– Mais non, c'est toi qui parles le plus ici.
– C'est parce que vous êtes encore plus cons que moi, c'est tout.

C'est monstrueux, ce qu'on boit dans ce café, c'est l'usine !

L'eau est toute trouée sous le grand plongeoir !

Je vais faire un bouquin sur Hitler.
– Fais gaffe, Hitler c'est casse-gueule.

Les pédés mangent pas la peau du poulet.

Avec toutes les toxines qu'on trouve dans la viande hachée, on pourrait ouvrir un ranch !

Le meilleur couscous, c'est les Italiens qui le font !

En Chine on t'amène le plat sur la table, t'as pas le choix, t'as pas de carte, t'as rien !

Quand tu bouffes au restau, c'est pas toi qui fais la cuisine, à part ça je vois pas l'intérêt…

Ces chiottes sont pleines de virgules, on dirait Apostrophes !

Si t'incinères un mec genre Sulitzer, ce qui reste c'est pas de la cendre de bonhomme mais de la cendre de cigare !

Les prix littéraires c'est truqué, bidon, déjà faut que tu écrives un livre, déjà et d'une !

Des mecs comme Pivot, c'est des mecs qui lisent au moins…
au moins…
vachement en tout cas !

Les cabinets étaient dehors, ça puait dehors. Ils les ont mis dedans, ça pue dedans. Ils appellent ça la modernité !

Dans une randonnée pédestre, tu n'es pas obligé de parler si tu n'as pas envie.

L'odeur, c'est la nationalité de l'air, un peu…

Une fois sur deux il a raison.

Attila, partout où il est passé, ça a repoussé depuis.

Moi, je serais ventriloque, je dirais plein de conneries et j'accuserais la marionnette.

Vous voulez savoir ce que je pense vraiment des Noirs, mais vraiment vraiment… les Noirs c'est pas la couleur qui me dérange, c'est la forme.

La nuit tombe vite en ce moment…

A l'école ils dessinent des feuilles.
– Ah bon ? Il veut devenir dessinateur de feuilles ?
– Ben non !
– Alors pourquoi il apprend ça ?!

Personne est venu ?
– Si, Rodrigo est passé à midi.
– Il a rien dit pour moi ?
– Non.
– Ah…

Je sais pas si vous avez regardé la cérémonie des 7 d'or hier soir à la télé, moi j'ai regardé et vous voulez savoir mon sentiment là-dessus ? J'ai horreur de tous ces gens qui sont heureux de l'avoir ! Pour moi, le 7 d'or, c'est comme le trou du cul, faut pas trop le montrer même si on est content d'en avoir un !

Pinard, c'est pas un gros mot, c'est quand le vin se décontracte.

On ne vend pas de papillons dans les boucheries !

Quand c'est un homme célèbre qui meurt, les asticots s'habillent.

Tout ce qui touche aux origines de l'homme m'intéresse, les silex, les vieux casques, les fusils...

Qui c'est qui les prévient, les asticots, quand y'a un mort ?

T'as vu son nez ?

On se moque pas du physique !

Ça fait chier qu'on est bouffés par les asticots après la mort, si au moins on était bouffés par des petits oiseaux avec plein de couleurs !

Moi j'ai tout appris à l'ecole de la vie, le jour où je mourrai, c'est comme qui dirait le jour où je perdrai mon cartable !

Des moustiques géants !
– Géants comment ?
– Comme ça à peu près…
– C'est pas géant, ça…
– Pour un moustique si… pour mon doigt évidemment, non.

Ils ont découvert une nouvelle grotte préhistorique qui daterait d'au moins trente ans !

Une fois je me suis lavé les mains, j'ai eu peur, elles étaient toutes molles.

Les comiques, faudrait pas les nourrir pour qu'ils continuent à être drôles.

L'antisémitisme ! L'antisémitisme ! Quoi, l'antisémitisme ! Ils nous fatiguent, avec ça ! En plus, les Juifs, qu'est-ce qu'on en a à foutre !

Il va à la vitesse de l'électricité, ce mec, de l'électricité éteinte je parle, et pour un président de la République, faut que ça soit allumé.

Il aimerait bien faire l'amour dans les bois mais il aime pas les bêtes, alors il fait comme tout le monde. Dans les bois il se promène et il cherche des champignons.
– Putains de bêtes.

Bois pas si vite, tu vas attraper la saoule !

Si ça se trouve, les femmes voient pas les couleurs !

J'ai l'impression que c'est hier que j'avais vingt ans.
– Hier ? T'es même pas venu !

J'arrive à dormir les yeux ouverts, moi.

Vas-y, fais voir !

Si les Nègres tu les vois pas quand y sont dans un tunnel, les Blancs, c'est sur la route que tu les vois pas, forcément.

Y'avait un surdoué à Sacrée Soirée.
– Si c'est pour faire les mêmes émissions que Sim, c'est pas la peine d'être surdoué.

Il a chié sur une petite voiture, on aurait dit un Kinder surprise !

Un virus gros comme mon pouce !
– Et c'est quoi comme maladie ?
– Ils l'ont pas dit.

Deux cents briques d'indemnité pour les mecs qui ont le sida ! A ce prix-là j'en veux deux, moi !

Trois !

On avait fait des photos souvenirs, mais comme on les a perdues on se souvient de rien...

Non, pas de glaçon en hiver !
– C'est vrai qu'avec le temps...
– Faut réfléchir un peu, dans la vie !

T'as picolé, hier ?
– Je me rappelle pas, je suis rentré bourré.

T'imagines si l'Algérie était française ? La France compterait 25 millions d'Arabes !

Le Français doit être con, parce que sur 20 ministres, y'en a qu'un qui s'occupe de la culture !

Elle était belle, la mariée ?
– Comme un cul.

Sur les chutes du Niagara, t'as jamais le drapeau vert.

Dans quel pays il habite ?
– Le Togo.
– C'est pas un pays, ça, le Togo !
– Ben si ! Qu'est-ce que tu veux que ce soit ?!
– Un haricot.
– Le Togo ?!
– Un haricot.

Tu les verrais à poil, les culturistes, on dirait des postes à essence avec de tout petits tuyaux !

Les Serbes, les Croates ou je sais pas quoi, j'y comprends rien et en plus je m'en fous pas mal !
– On sait même pas ce qu'ils veulent.
– A bouffer, comme tous les nègres.

Avant, on pouvait boire l'eau de la Seine, monsieur ! Eh bien ça nous empêchait pas de boire du pinard !

Je te préviens, si t'es bourré je te sers pas !
– Je suis pas bourré du tout... du tout... du tout pas du tout...
– Dehors !

Y boit ailleurs, y vient puer ici...

La télé, c'est fini.

Toutes les conférences de paix qui débouchent pas sur la paix, c'est à croire que les mecs entrent et sortent tout de suite par une porte de derrière !

« Chaise » est dans le dictionnaire, comme si on savait pas ce que c'est !

La moitié du dico c'est des mots qu'on connaît, alors que plein de mots inconnus n'y sont pas !

?

Qu'est-ce qu'y dit, lui ?

Mais oui, bien sûr !

Le soleil se lève à l'Est, mais ça peut changer.

Moi, je dis jamais ce que je pense ! Jamais !

Comment tu dis ?
– Verlaine.
– Verlaine comment ?

Pour moi, honnêtement, la science sert à rien... j'ai jamais été malade ! Y'en aurait pas de la science que ça me manquerait pas !

Moi c'est le vélo dont je me fous... pour aller où ?

Au point où ça en est, autant dire carrément qu'il n'y a plus d'Est ! T'as le Nord, le Sud et l'Ouest... en plus ça suffit bien !

Chez les vieux, la télé est toujours allumée, au cas où...
– Au cas où quoi ?
– Au cas où...

Il a appris l'anglais en lisant les papiers de chewing-gums, c'est pas une langue bonne pour les dents...

Le chômage va à l'encontre de la dignité humaine... mais c'est pas grave, ça...

Un camion de soupe, si tu ralentis pas dans les virages... enfin, tu comprends ce que je veux dire...

Quand les Serbes seront tous morts, et les Croates aussi, ça changera même pas le prix des patates ! Alors ?

Avec l'échographie tu peux savoir si c'est une fille ou un garçon, mais pour savoir si c'est un Français ou un Anglais, faut attendre que le gosse commence à parler...

Tu es poussière et tu retourneras poussière, pour une femme de ménage, c'est dur comme idée à accepter.

Le flocon de neige qui tombe en haut de l'Himalaya, ça lui fait son travail à deux minutes de chez lui !

Heureusement que Dieu n'existe pas, si il existait, il y aurait encore plus de guerres de religions !
– Je l'avais jamais entendue, celle-là !

Carlos, le terroriste, je l'ai vu à la boulangerie...

Moi, dans le dessin politique, ce que j'aime bien c'est le dessin, et ce qui me fait chier c'est la politique...

Ils lui ont daté le foie au carbone 14, résultat, il est midi pile !

Vous avez vu dans le Nord les inondations ?
– C'est normal, les inondations il en faut.

Y'a aucun produit chimique qui est mauvais, c'est combien que tu en bois qui est mauvais ! Ou combien que tu en renverses sur l'herbe aussi...

L'intégration des immigrés, d'accord, mais bon, moi je dis non.

Je n'ai aucune faiblesse ! Ah si ! Une ! Les cerises à l'eau-de-vie ! Mais c'est tout.

Il est tombé dans l'escalier hier soir, il s'est relevé ce matin et il est parti au boulot.
– C'est un surhomme, ce mec.

Il s'est fait piquer les oreilles pour arrêter de fumer, du coup elles sont infectées...

Il a jamais eu de bol.

Au fond, moi, la chance que j'ai eue, c'est d'avoir des parents très cons...

Le plus important c'est de pas se prendre au sérieux.
– C'est même « basique » comme comportement de survie.

A force de libérer des otages y vont plus en avoir, ces cons-là, et y vont devoir en reprendre !

Ah ah ah ah !

Il a un rire à la con, celui-là...

Ah ah ah ah !

Ils ont insonorisé tout le garage avec des boîtes à œufs, paraît que ça marche... ça doit être des œufs de poules qui sont sourdes !

Je suis allé en boîte avec une gonzesse, elle m'a fait boire un cocktail je sais pas quoi, vert en haut et bleu en dessous...
– C'est quoi?
– Je sais pas, un truc vert en haut et bleu en bas... des couches comme ça... en tous les cas, c'est plus facile à boire qu'à dire!

Dans *Terminator*, paraît que le mec se transforme en ampoule électrique, c'est vachement bien fait...

Je vais aller le voir.

Moi, à table, je prends MINIMUM du Côtes-du-Rhône, MINIMUM!

J'ai jamais su si j'étais petit.

Leur guerre yougoslave à la con, y'a même pas d'Arabes, j'y comprends rien!

On n'est pas habitués...

Si t'es un microbe sur de la viande froide, putain, tu te cailles les meules!

T'as vu les nouveaux trucs, là, les préservatifs féminins?! On dirait des huches à pain...

Je suis sûr que si tu fais de la publicité pour des crottes de lapin, tu en vends au moins deux! Au moins!

Des nazis à la télé, moi je m'en fous, du moment que y'a quelque chose qui passe, moi je suis content...

Dix Kirs !
– Dix ?!
– Oui, les neuf autres arrivent.

Leur sommet de Mastrach, là, ou je sais pas quoi, Mastruch machin, là, eh ben c'est encore nous qu'on va payer la bouffe !
– Foie gras, caviar !
– Pâté !

Quand c'est pour une course aussi connue que la Transatlantique, je ferais payer le vent.

Les animaux domestiques maltraités ? Tu parles ! On n'en voit encore pas dans les boucheries ! Ceux-là, on peut dire qu'ils sont maltraités !

Vous buvez quelque chose ?
– Oui, mais pas d'alcool... je vais boire du vin.

Les animaux mangent des animaux, ils sont pas mieux que nous !

Tout ce qui est français est nul, tiens, regarde les Antillais ! C'est français !

Il est réglé comme du papier à musique, il dit toujours la même chose !

Y'a pas de faux chômeurs en France, c'est plutôt les vrais travailleurs qui manquent...

Avec l'Europe, on court à notre perte.
– ?
– Pourquoi tu me regardes comme ça ?!
– Non non, tu parles bien c'est tout.

C'est con...

Sur une plate-forme pétrolière, t'as la mer tout autour, c'est bien, mais t'as pas la montagne...

Moi ça me fait un peu peur, leur Europe des seize, là...

Pour voir les tout petits trucs, y'a le microscope, mais pour voir les grands trucs y'a rien... on peut pas les voir.

Un avantage d'avoir un serpent plutôt qu'un chien, c'est qu'il fout pas des poils partout sur les coussins...

Le bon porno, mais le très bon porno je te parle, on voit dedans.

La monnaie unique c'est pour 1999, l'écu, mais ça sera que pour les grosses transactions, au bistrot, on continuera avec les anciennes pièces...

Autrement ça serait trop le bordel, tu parles...

Ma mère était fière quand elle me voyait en uniforme, mais fière, fière, fière !

On devrait apprendre le braille à tout le monde, pour quand y'a pas de lumière…

Le beaujolais, ils mettent NOUVEAU dessus pour en vendre plus, et c'est vrai on en boit plus vu que c'est nouveau.

Je suis fatigué…
– C'est l'usure du comptoir…

Les Américains ont massacré les rouges-gorges, t'en as plus à New York.

Je paie la sécu alors que j'ai jamais été malade ! Tu trouves ça normal, dis ? ! Non mais tu trouves ça normal ? !
– Et la retraite on n'a pas le temps de profiter, on cotise, et à soixante-cinq balais on passe l'arme à gauche…
– Ecoute, j'allais le dire ! Ah je te jure, j'allais le dire ! C'est bien la preuve que je suis pas tout seul à penser ça !

leurs parents... les grenouilles non plus, remarque...

L'eau qui tombe creuse sous la cascade, tu pourrais mettre une ville dans le trou !

Ça fait du bien de parler.

J'aime bien discuter avec quelqu'un qui est d'accord, ça fait avancer la discussion.

Ils ont ramené la flamme olympique en avion ! Et si ça s'était renversé ?!

Avec nos sous...

Je sais pas pourquoi ils font les jeux Olympiques à Albertville, je ne sais pas pourquoi...

C'est une ville minuscule, tu peux même pas faire de la luge !

La neige a deux côtés, un qui accroche et un qui glisse, le côté qui accroche est en bas, et le côté qui glisse en haut, pour faire du ski... si c'est le glissant en dessous, ça fait des avalanches.

Ah bon, c'est pour ça...

Un Noir dans une avalanche, je le chercherais même pas ! Il l'aura bien cherché, non ? Non ? Non ?

Une carte de pêche, c'est un beau cadeau, non ?

Par exemple tu interdis le vélo, eh ben les cyclistes, tu en fais des martyrs…

Les vétérinaires ne disent jamais la vérité aux chiens malades, sinon ils se font mordre…

Il a des puces, le chien ?
– Non pourquoi ?
– Je demande ça, parce que certains en ont…

La montagne, c'est de la campagne qui monte ! Mais pas plus…

Si tu te moques de Mireille Mathieu, je te tue !

Tiens, tu nous remets ça s'te plaît…

Avec une poupée gonflable, c'est toute la gonzesse qui est en plastique, t'as pas besoin de mettre de capote !

Plus t'es grand, et plus quand t'es sous l'eau tu fais des grosses bulles, c'est une loi…

Dans la nature y'a des lois !
– Les lois de la nature.

Le vrai canard est

C'est un peintre allemand, et comme tous les peintres allemands il a un nom mais on ne sait pas le prononcer... du coup on achète un tableau d'un peintre qu'on sait prononcer... c'est aussi bête que ça, le marché de l'art... on n'achète pas allemand...

On a comme une paupière au cul, quand on dort elle se ferme.

Il est taillé comme un violoniste, avec les bras qui partent des oreilles.

Si y'a des lois de la nature, t'as des gendarmeries de la nature, forcément...

Je te jure, Cresson serait ma femme, j'aurais honte de le dire !

Je vais acheter une voiture, mais j'en veux une que les gendarmes arrêtent jamais.
– Prends une comme la mienne.
– La tienne ? Les gendarmes t'arrêtent tout le temps !
– Peut-être, mais on m'a jamais retiré le permis !

Elle sue.

J'ai vu la malédiction des pharaons à la télé, putain c'est super ! Mais ça fait peur...

celui qui se mange.

Les nains sont plus vite saouls.

Si le nain veut qu'on le lance, pourquoi tu vas interdire le lancer de nain ?!
– C'est plus compliqué que ça.
– Ben, si le nain veut qu'on le lance !
– C'est pas comme ça qu'il faut voir le problème.
– Si le nain veut qu'on le lance, moi je le lance !
– C'est compliqué.
– Non, moi je le lance, le nain !
– Toi, admettons, mais c'est pas une raison pour que tout le monde en lance !
– Et pourquoi pas, si le nain c'est ça qui lui plaît, qu'on le lance !
– Bon...
– Moi je le lance, le nain !
– ...
– Je vais me gêner, tiens !

Le premier nain qui rentre, il est foutu de le lancer...

Les premiers hommes se protégeaient des animaux en allumant des feux, maintenant on pue de la gueule et ça suffit pour éloigner les lions des bistrots !

C'est des morts tellement maigres, dans ces pays-là, que même les asticots sont sous-alimentés !

Le bonheur, c'est tout de même le plus important de nos jours.
– Comme avant.
– Non, avant on mangeait pas, le plus important c'était de manger.
– En tout cas pour ceux qui mangeaient…
– Qui ?
– Les riches !
– Ah, les riches…
– Eh ben pour les riches, le plus important c'était le bonheur.
– Vous savez, l'argent fait pas le bonheur.
– …
– …
– …
– J'ai pas raison ?
– Si, mais en tous les cas, le bonheur c'est tout de même le plus important de nos jours.
– Pas comme avant.
– Avant ?

C'est à cause des transports qu'on a le terrorisme international, imagine pas que les mecs iraient à pied !

Moi je pète en société, mais la société dans laquelle je vais elle pète aussi, alors c'est pas un exploit, vous savez !

Si, j'aime bien les Noirs, si !
– Menteur !
– Si !
– Tu dis ça parce que je suis noir ? !
– Non, d'abord j'avais même pas vu !

T'as entendu ?
– Non, moi j'écoute jamais.

Il est pas sorti de la caisse de Jupiter, celui-là !

J'ai jamais dit ça !
– Tu l'as dit hier devant tout le monde !
– C'est pas vrai ! J'ai jamais dit ça ! Au contraire ! Je l'aime vachement, le patron, figure-toi !

Si ça se mange pas, déjà faut se méfier.

Les services secrets français, c'est les moins bien habillés du monde… Y'a pas de budget.

C'est pas des vrais canards ça, tu parles, ceux avec toutes les couleurs c'est des canards d'ornement ! Tu leur scies les pattes et tu fais des bouquets, c'est tout !

La musique classique, c'est comme un costume classique… disons que c'est classique…

Le Pen il est mieux que Hitler parce qu'il est blond lui au moins !

– … fense de l'environnement…
– L'environnement ? ! L'environnement ? ! L'environnement de quoi d'abord ? ! L'environnement d'où ?
– L'environnement de partout.
– L'environnement de partout ? Qu'est-ce que c'est que cette blague encore ? L'environnement, tu peux pas en avoir partout, sinon t'aurais plus que de ça ! Qu'il est con…

En fait, Kennedy voulait se débarrasser de sa femme et le tireur a bougé, c'est lui qui a pris... alors après les services secrets ont inventé toute une histoire pour couvrir le fait que Kennedy voulait faire tuer sa femme par un tueur... Marco serait là, il te l'expliquerait mieux que moi, c'est lui qui me l'a expliqué...

Une bouteille qui coûte UN MILLION, *faut être con pour la boire.*
– C'est des placements, ces vins-là.
– Tu l'achètes et tu la ranges.

Au prix où c'est, une boîte de caviar, moi je la mange pas, je m'assois dedans et je roule avec !

Faut faire gaffe en enculant un saint de pas se foutre la tronche dans l'auréole !

La pluie passe par le trou de la couche d'ozone, c'est pour ça qu'il pleut, et plus le trou s'agrandit, plus il pleut ! Ils ont fait une émission là-dessus, la pluie du trou...

Je vous emmerde tous !
– Moi c'est pareil.

Va chier dans ta caisse !

Si nous déjà on s'engueule, t'imagines ce que ça peut être chez des connards !

On va manger de la dinde parce que c'est la tradition.
– Vous avez raison, il faut défendre les traditions, parce que sinon, plus personne ne mange de la dinde.

La Noël toujours en famille, et le premier de l'An chez des amis.

Plus personne ne va à la messe de minuit, à minuit on est à table...

Faudrait faire la messe à neuf heures.

Cette année je fais pas de vrai réveillon, juste une grosse bouffe c'est tout.

Nous c'est la dinde qu'on mange, parce qu'on respecte les traditions...

J'ai horreur des fêtes obligatoires !

Les Romains donnaient les chrétiens à bouffer aux lions, du coup les lions avaient jamais de légumes.

Il a la tronche en mezzanine, toujours les yeux accoudés au-dessus du verre !

Ils font brûler des bouses, et là-dessus ils font cuire la viande, je sais pas si tu vois les gastronomes que c'est !

Si t'écoutes le microscope, on a plus de vie dans le trou du cul que dans le désert de Gobi ! Mais non, mais non... un peu de sérieux...

Un peu
de sérieux...

Un peu...

Mon mari dit que je suis une idiote !
– Oh vous inquiétez pas, le mien dit pareil !

Tu peux me faire des facilités de paiement ?

La plus belle invention ?
– Oui, et qui soit pas de la bouffe...
– ...
– Alors ?
– Le distributeur de bouffe ?

Il a de la gentillesse sur sa figure, le nouveau poissonnier, mais de la gentillesse, à côté, l'abbé Pierre c'est un vrai fumier !

Moi je les respecte les Ecritures Saintes, oui, je les respecte moi monsieur, et pour la raison que ça a été écrit à la main, et pas tapé par une connasse de secrétaire !

« Mieux connaître l'architecture en s'amusant », je l'ai lu, j'y connais moins qu'avant et en plus je me suis bien fait chier !

Tout cc qui finit par « en s'amusant », c'est de l'arnaque...

On ne fait plus le sapin depuis que j'ai trouvé des chenilles.

C'est une catégorie de vie particulière…

La bûche c'est gras, mais c'est la tradition.

C'est une tradition grasse.

La belon est malade en voiture, si tu dois faire de la route prends de la fine de claire…

Je mords dedans pour les tuer les huîtres, c'est tout, sinon je mâche pas, j'aime pas le goût.

Moi ce que j'aime, c'est le vinaigre d'échalotes…

L'huître, avec des arêtes c'est pas du poisson, et avec des os c'est pas du poulet, c'est à part…

Un Noël sans neige, c'est pas un vrai Noël…
– L'année dernière y'avait de la neige, t'arrêtais pas de gueuler !
– Oui, mais j'avais pas mes bons pneus.

Elles auraient pas de coquilles, les huîtres, eh ben dans la vie elles seraient rien, moins que rien, que dalle, zéro…

Je lui ai dit, tu auras un jeu vidéo quand tu auras des bonnes notes vidéo !
– Bien dit !

Pour boire il est pas le dernier! Mais si tu lui demandes un petit coup de main pour ranger les tables, alors là monsieur est fatigué!
– Y me faut pas d'effort.
– Pas d'effort, je t'en foutrais, tiens, pas d'effort! Un fainéant pareil, que c'est nous qu'on les engraisse avec nos sous, ces gens-là! Pas d'effort! Pour lever le coude là t'en fais, des efforts! Eh pis je te sers plus! Allez ouste! Dehors! Du vent! Ah moi j'aime pas qu'on se foute de ma gueule! Je suis réglo, mais si on me fait des coups comme ça, ah je deviens méchante, tu me connais pas, j'en ai maté des plus forts que toi!
– ROT!
– Il est dégueulasse en plus! Ta mère elle t'a jamais dit qu'on met la main devant sa bouche quand on rote!? Elle t'a jamais dit ça, ta mère?! Elle devait être saoule du matin au soir ta mère, oui, elle devait être comme toi!
– …
– Y défend même pas sa mère! Le soir de Noël! Il est vraiment tombé bien bas!
– Je m'en vais, vous me reverrez plus!
– C'est ça, va-t'en loin, va picoler chez les autres! Pour ce que tu rapportes comme argent!
– Messieurs dames…
– …… un de moins!

Elle est dure, la patronne.

Mais juste.

Dépenser! Dépenser! Dépenser! Et pourquoi dépenser?!
– Pour acheter.
– Oui, mais à part ça?
– Pour rien.
– Eh oui, pour rien! On dépense pour rien!
– On achète mais c'est tout.

Ils ont libéré les otages avant la Noël, comme ça ils ont pas eu à les nourrir pendant les fêtes!

En attendant, on ne fait plus le sapin depuis que j'ai trouvé des chenilles.

T'as pas le droit de me virer pendant la trêve des confiseurs!

Au comptoir depuis dix heures du matin! On t'appelle pas « la moule » pour rien, toi! Ah t'es bien collé!

J'ai lu dans un livre que...
– Tu lis trop, toi!
– ...
– Alors, t'as lu quoi dans ton livre?
– Rien... de toute façon...

Leur dieu, c'est une mouche... ils vivent très haut dans la montagne, et ils aident les rebelles afghans.

Au fait, on avait parié?!
– Que?
– Ah non, c'est pas avec toi.

C'est la fumée qui change tout, tu prends une sardine, tu la fumes, ça devient COMME du saumon... mais c'est très surveillé par les douanes.

La douane, c'est la peau d'un pays !

Il aime tellement sa mère, le petit, qu'il lui embrasse les mains même si elles sentent la lessive...

Wa, l'autre ! Il est habillé propre... L'autre là ! Il est tout propre !

OUERK !... on va en boîte !

A six ans, il avait l'intelligence d'un enfant de cinq ans, je sais pas si tu vois le retard !
– Un an.

Si le disque neuf a été écouté, tu le rapportes, pareil que si le livre neuf a été lu, tu le rapportes ! Normal, neuf c'est neuf, et occasion c'est occasion !

Putain la cuite ! T'aurais vu la cuite !

Une boule crème sur deux, y'a pas de crème dedans, et pour porter plainte contre les boules crème, tu peux te lever tôt ! On est entourés de voleurs ! Tiens, rien que moi, déjà, je suis un voleur !

Ça fait cinq heures que t'es là à picoler! T'as pas mal aux genoux?
– Ça regarde pas les gens, depuis combien de temps je suis là!

Tu vendrais pas à boire, je serais pas saoul! Et toc!
– Les gars comme toi je les connais, y savent pas où aller, je vendrais de la merde, y z'en mangeraient pour être au chaud, alors me fais pas rigoler!

C'est une casquette comme celle de Prévert que je voudrais.
– Tu sais, une casquette c'est une casquette!

Il faut que j'y aille, je suis invitée...
– ...
– Je suis invitée à réveillonner ce soir!
– ...
– Il ne faut pas que je sois en retard!
– Et chez qui t'es invitée? Tu peux me dire chez qui?
– Bon, j'y vais...
– C'est ça, va-t'en... quelle menteuse celle-là, tu parles qu'elle est invitée... qui c'est qui l'inviterait, elle?

C'est une baratineuse, voilà tout...

Et retoc!

C'est pas très chrétien, comme bistrot, ici.

Du caviar, je peux t'en avoir à 15 francs le kilo.
– Du bon?
– Le meilleur, du Kasta.

C'est pareil, je veux plus que le petit fasse la bise aux Pères Noël devant les grands magasins, y'en a qui ont le sida !

Ils ont dit à la télé, 1 sur 2 ! Vous vous rendez compte ? ! Un Père Noël sur deux ! C'est énorme !

Vous avez vu comme elle est décorée, la mairie, toutes ces boules, toutes ces guirlandes !
– Y se fait pas chier, le maire...

Il paraît que certaines années, il y a des boules qui disparaissent...

La Noël tous les deux ans, ça suffirait...

Moi je sais où elles sont, les boules qui manquent !
– Ah bon et où ?
– Chez le maire, bien sûr !

C'est grave, comme accusation...

Un livre qui a été lu, ça se voit, tu trouves des mots abîmés.

Un disque.
– Moi aussi, j'ai eu un disque... décidément, c'est une année à disques, cette année...

Je vais lui acheter un livre, elle aime ça les livres, mais lequel ?
– Un en papier.

C'est en mettant les cadeaux autour du sapin que j'ai marché sur l'ocarina.

Les quantités de bouffe qu'on avale pendant les fêtes, c'est faramineux! Ça se compte en tonnes!
– Sauf les huîtres, c'est en douzaines qu'on compte.
– Oui, eh bien ça fait des millions de douzaines!
– Il en reste toujours une dans le plat, celle-là faut pas la compter.

On va réveillonner à Bagneux.
– J'y ai travaillé à Bagneux, moi, à la fin de la guerre... vous me direz comment ça a changé.
– Bien sûr, vous pouvez compter sur moi.
– Vous me direz si y'a toujours cet espèce de grand arbre derrière la mairie.
– Euh... je sais pas si on va du côté de la mairie.
– Vous savez, quand vous êtes sur Bagneux, ça fait pas beaucoup d'aller sur la mairie... enfin moi je dis ça...

4 whiskys et 1 Américano! Ça, c'est pour les connards de la banque...

De nos jours, les gosses ne croient plus au Père Noël.
– A l'école on leur distribue des capotes, qu'est-ce que vous voulez que je vous dise! Des capotes! A l'école!

Les gosses étaient heureux, c'est ça le principal, de nos jours, que les gosses soient heureux!
– C'est leur fête plus à eux qu'à nous...
– Oui, c'est ce qu'on dit... allez... santé... je suis pas mécontente de les avoir expédiés chez les grands-mères, parce que moi, ce genre de fête ça me tape sur les nerfs!

Y'a plein d'enfants dans le monde qui aimeraient avoir un foie gras...

Ça c'est facile, comme argument.
– De toute façon, si en France on arrête de gaver les oies, c'est un autre pays qui le fera!

On n'a qu'à gaver le boudin, lui y s'en fout, il est déjà mort!

Ça lui a plu?
– Ça lui plaît jamais!
– Pourquoi tu continues à lui faire des cadeaux, alors?
– J'aime bien faire plaisir...

Trop bon
trop con...

Je voulais une caméra, j'ai eu des chocolats.
– C'est toujours comme ça.

Alors? Ce réveillon?
– Bien. On s'est engueulés.

Ça me fout le cafard, la Noël.
– T'inquiète, c'est bientôt le Nouvel An.

Eh oui, ça passe, ça passe…

Des huîtres, du boudin blanc, après je sais plus, j'étais bourré.
– A ce point-là ?
– A ce point-là !
– De la dinde ?
– Oh… sans doute !

Prends de l'Aspegic, c'est radical.

Moi c'est le Nouvel An qui me fout le cafard.
– Toi, on t'a pas causé.

Le temps n'y est pour rien ! C'est pas le temps qui détruit la falaise ! C'est la mer !

Elle est plus là, la machine à cacahuètes ?!
– Non monsieur, elle n'est plus là.
– On ne peut plus avoir de cacahuètes ?!
– Non monsieur, on ne peut plus en avoir.
– Eh bien… on ne va bientôt plus reconnaître le quartier… ça commence par les cacahuètes…
– J'ai des chips si vous voulez ?
– Non, pas de chips, tous les ans, le jour de Noël, je prends des cacahuètes…
– Ah bon, vous savez, moi j'ai repris y'a pas longtemps…
– Bien assez longtemps pour supprimer les cacahuètes !
– Qu'est-ce que je vous sers ?
– Oh… vous savez… maintenant…

Le Français est râleur.
– Des fois y'a de quoi !

Tu payes ton coup ?
– Et toi ?
– Moi quoi ?
– Tu le payes, ton coup, toi ?
– D'abord toi !
– Pourquoi moi d'abord et pas toi ?
– ...
– ...
– Je suis le plus vieux !

Je sais pas si t'as vu dans tes chiottes, mais le père Noël est passé !

Joyeux Noël, Pierrot ! Suce-moi le poireau !
– Tu changeras jamais, toi...

George Bush a eu un castor vivant de la part de la fondation pour la défense des animaux...
– Y s'y connaît, en castors ?
– Crois pas que c'est lui qui va s'en occuper !
– C'est vrai, ils ont des serviteurs spéciaux, ces mecs...

A dix heures, j'ai dit bonsoir au chat et au lit...

Entre les deux réveillons, c'est le moment le PLUS risqué pour la santé, quand tu picoles... quand TU PICOLES je parle, quand tu picoles pas, y'a pas de date... y'en a pas !

A Noël tu picoles en famille, au Nouvel An tu picoles chez des amis.

T'as picolé ?
– Picolé ?
– Oui, t'as picolé ?
– Picolé, pas trop.
– T'as pas picolé ?
– Non, pas trop picolé... tu sais, la picole, faut que je fasse gaffe de pas trop picoler.
– Tu picoles plus ?
– Si, bien sûr je picole, mais bon... j'ai freiné dessus.
– Tu picoles quand même un peu ? !
– Oui, toujours un peu de picole mais mollo.
– Tu bois un coup ?
– Oui, mais je te préviens, faut pas que je picole !
– Je sais, tu picoles plus.
– Presque plus... je picole QUE *dans les grandes occasions !*
– T'as dû picoler à Noël alors ?
– A Noël ? A Noël obligé de picoler !
– A la tienne.
– A la tienne.

Ça va, les picolos ?
– Dis pas ça ! Je picole presque plus.

Dis, tu t'es vu quand t'as bu ?
– Et toi ?
Et toi, tu t'es vu quand t'as pas bu ? !
– Attends, j'arrive de dehors...

On a regardé la messe à la télé, tu verrais les messes qui font maintenant, y'a des caméras partout !

La picole ça veut rien dire, t'en as qui boivent et tout de suite ils sont bourrés, et d'autres, le double ça leur fait rien.
– C'est une question de celui qui supporte et de celui qui supporte moins, comme l'ail par exemple.
– C'est personnalisé.
– Bien sûr, comme l'ail.
– Plus !
– Ça dépend.

Tous les ans y'a un miracle de Noël, cette année y'en a pas eu.
– Ben, si, les morts en Yougoslavie.
– C'est pas un miracle, ça !
– ?

Le miracle, c'est sa connerie !

En 92, j'arrête de chier. Ça, c'est une vraie belle résolution !

Y tiendra pas.

Il était en train de découper ses découpages, je lui ai mis une tarte par réflexe... je l'ai vu découper un truc, paf la tarte ! Et c'étaient ses découpages que je lui avais achetés... alors évidemment, ça a fait un drame... je suis descendu... me voilà...

Con, non ?

Alors vas-y, prouve-moi que Dieu existe !
– Et toi, prouve-moi que Dieu existe pas !

Hurle pas... t'es à deux centimètres et tu gueules comme si t'étais à vingt mètres.

Il lui touche la Légion d'honneur et il lui dit... c'est quoi, comme pin's!
– Il est fou, ce mec, complètement fou!

Bonne année.
– Oui, toi aussi, René.

Bonne année!
– Oui, bonne année!

Pourquoi c'est divisé en années, ça je comprendrai jamais.
– Cherche pas.

Bonne année.
– Et bonne santé.

Je vous ai souhaité la bonne année?
– Ah non, je crois pas.
– Alors bonne année.

1992, moi ça m'arrange, puisque je suis immatriculé dans le 92.

Est-ce que vous acceptez les chèques?
– Non.
– Ah... les cartes?
– Non.
– Euh... les poignées de main?

Qui c'est le zigoto, là?

Je vous ai souhaité la bonne année?
– Oui.
– Allez tant pis, je recommence... bonne année!
– Oui, à vous aussi, re-bonne année...

Nous, à midi on va pas s'embêter, on va finir les restes.
– Vous voulez que je vous dise ? Vous avez bien raison !

Bien raison !

Bonne année.

Bien raison...

Bonne année !

De toute façon, dès que t'as mangé une bouchée, ce que t'as dans l'assiette c'est déjà des restes...

On a mangé, mais là on a bien mangé ! Des escargots...
– Beurk !
– ... Des coquilles Saint-Jacques à la nage...
– Beurk !
– ET DE LA MERDE !
Y m'énerve, celui-là !
Quoi... enfin...

Si tu devais faire le bilan de 91...
– Oui...
– Eh ben...
– Quoi ?
– Le bilan ?
– De ?
– 91.
– Oui.
– Si tu devais faire le bilan de 91, ça serait quoi ?
– Quoi ?
– Le bilan de 91 ?
– Une année de merde.

Ma philosophie à moi c'est « connais-toi toi-même »...
– Moi la mienne c'est « souviens-toi où t'es garé » !

On se fait la bise, pour la bonne année ?
– On se fait la bise pour la bonne année !

Cette année, je refume !
– Tu parles d'une bonne résolution...
– Pour le tabac, elle est très bonne.

Dans le désert, à minuit, les lézards se font la bise !

Bonne année, patron.
– Merci, et vous de même...

Maintenant on construit des maisons, des immeubles, mais ça fait belle lurette qu'on fabrique plus de vestiges !
– On en trouve, mais on n'en fait pas.
– On n'en trouve même plus !

Tu grossis, tu fais un régime pour maigrir, tu regrossis, tu refais un régime pour remaigrir, la graisse elle s'en va, elle revient, on dirait qu'elle est vivante à force...

C'est des rats qui sont apprivoisés, ils mangent les oreilles des bébés mais ils mettent une petite pièce dans une assiette à côté du berceau.

On part dans une demi-heure, ça te va ?
– Une demi-heure ? C'est le temps que j'ai mis pour venir ! Tu me fais venir, je me tape le pont de Sèvres, et on repart ! C'est un rendez-vous de notaire, ton truc !
– Bon, on verra…
– C'est ça, on verra… alors moi je me tape le pont de Sèvres…
– Oui, on a compris…
– Oh ! Tu me parles sur un autre ton ! Tu me téléphones, je fais l'effort de venir, et EN *plus je me fais engueuler !*
– Je t'ai pas engueulé, j'ai dit que dans une demi-heure, faut que je rentre.
– Ça me dégoûte, tiens…

Tu pues du goulot !
– Moi ? J'ai rien bu !

Vous lui avez servi quoi ?
– Ah non ! Ça, c'est le secret professionnel !

Il boit du vin tellement dégueulasse qu'on dirait qu'il le paye en anciens francs !

On a bu des pinards tellement bons qu'on sentait le goût !
– C'est quoi les noms ?
– Compliqués.

Un vermouth !

Un vermouth ? Ça nous rajeunit pas…

A boire !
– Ici on ne boit pas, on déguste.

– Un déguste !

Les véhicules lents se mettent sur la file de droite, alors tu te pousses !
– Je suis pas lent !
– T'en bois un j'en bois six, tu rigoles !

Quand on sait pas boire, en général on boit le double !

Tu danses ?

T'imagines que les mecs décident de nous envahir le soir du réveillon, TOUTE *la France est bourrée !*
– En deux minutes, on est battus.
– Et le pire c'est qu'on s'en fout, puisqu'on est bourrés !

Les femmes ont une vie éternelle plus longue que les hommes.

Au moins, avec des familles qui n'ont qu'un enfant, tu peux pas avoir de guerre fratricide.

Ceci explique cela.
– Ceci quoi et cela quoi ?
– Je recommence.

Pas de philosophie dans mon café !

Dieu pardonne, il est payé pour ça.

La religion promet la vie éternelle.
– C'est bidon !
– Attends, laisse-moi finir !
– Une vie c'est quatre-vingts ans, éternelle ou pas éternelle !

C'est dégueulasse.

La vie éternelle est de plus en plus longue grâce aux progrès de la religion !

Tu passes directement d'avant la naissance à après la mort ?... pas con...

Moi j'y crois pas.
– T'as peur de la réalité, c'est pour ça !

Dans la charité chrétienne, le riche donne au pauvre, dans la charité athée, le pauvre se sert, c'est mieux...

Admettons si par exemple moi je suis éternel, qu'est-ce que je vais faire ?
– Alors ça c'est ton problème ! T'as qu'à lire !

Moi je dis ça...
– Oui, on sait, c'est l'histoire de causer...

Si personne meurt jamais après la mort, ça serait aussi bien alors que personne naisse jamais avant la vie, ça éviterait des frais inutiles !

Charles Martel a arrêté les Arabes à Poitiers, c'est pour ça que maintenant t'as des Arabes jusqu'à Poitiers !

La force du musulman, par rapport à nous, c'est qu'il a fait la sieste alors que nous à trois-quatre heures on est déjà fatigués... c'est la force...

Les hommes politiques dépendent de nous, d'accord, alors à l'usine, les mecs ! Au boulot ! Là tout d'un coup, y dépendent plus dis donc !

Y'a des pays en Afrique où ils prennent comme président celui qui a fait le plus gros caca.
– C'est pas idiot.

En plus, dépendre de nous, c'est pas de bol !

Je voterai quand ils se tairont...

Moi je sais pas quoi en penser...

T'as écouté les vœux du Président ?
– Il a dit quoi ?
– Bonne année.
– Y s'est pas foulé.

Il est parti où ?
– Y revient.
– Il a pas dit où il allait ?
– Il a dit qu'y revenait.
– Dans longtemps ?
– Il a rien dit.
– Il a pas dit dans combien ?
– Non, il a pas dit.
– ...
– ...
– Il a payé ?

Je me tape le pont de Sèvres et voilà... putain j'aurais su !

Le pont de Sèvres je me tape, et voilà comment je suis récompensé !

A un anniversaire, y dit bon anniversaire, ce Président-là...

Homosexuel ? ! Homosexuel ? ! Moi j'appelle ça des pédés ! Les mecs s'enfoncent des vélos dans le cul, pourquoi appeler ça des bicyclettes ? !

Pendant le rêve faudrait ouvrir la tête, mais c'est la technique pour ouvrir la tête sans réveiller qu'on n'a pas trouvée, un ça fait du bruit, les infirmières elles rigolent, et deux ça fait mal.

La connerie c'est héréditaire, l'intelligence aussi tu me diras mais surtout la connerie.

C'est pas faux...

C'est pas faux quoi ?
– Ce qu'il a dit.

C'est bien de dire merci quand on t'offre un cadeau, mais en même temps tu passes pour le faible.
– T'as qu'à lui foutre dans la gueule son cadeau, comme ça tu viens habiter à la maison... on se fendra not' gueule !

J'ai acheté des fleurs.
– Et elles sont où, tes fleurs ?
– Là... dans le bac... c'est la patronne qui me les a mises dans l'eau.

Elle est gentille, la patronne...

Si ça vous gêne mes fleurs pour rincer les verres, vous les enlevez !
– Non non ça va, je les pousse.

Un bon vin, faut enlever l'étiquette pour que les gens sachent pas le prix, mais en même temps, il faut qu'ils se doutent…

Sinon t'achètes de la merde.

Évidemment.

Rien n'est plus beau que l'amitié, même à la limite je dirais que vaut mieux être ami avec un connard que pas être ami avec un mec pas con… en tous les cas, pour moi c'est ce que je fais… et j'ai plein d'amis.

Faut pas avaler les pépins parce que ça donne l'appendicite… et les chewings ça colle les boyaux.

… toutes les micro-saloperies qu'y a dans l'eau, tu peux pas imaginer, tous les microbes se baignent, personne bosse !

C'est comme à la Bourboule.

La mère Marcos elle a mille paires de godasses, même t'en as qui sont en peau de serpent !
– Des grolles en peau de serpent, je vois pas, ou alors faut des pieds d'un mètre de long !

Il est con.

Au bout t'as deux doigts de pied qui font ssssss ! sssssssss !

C'est une bille, ce mec !

Alors mémère, y t'a envoyé un mandat, Mitterrand, pour les vœux de bonne année !
– Pfu !
– Si, je vois bien la jolie robe, il a envoyé un mandat, Mitterrand, et t'as tout dépensé les sous !
– Pfu !

Le jour où il enverra un mandat, celui-là...

Pour la parlotte, il est fort...

Les compagnons faisaient le tour de France, et à la fin, ils réalisaient un chef-d'œuvre.
– Moi j'aurais fait le contraire, un chef-d'œuvre et après je me casse !

Ils font des minuscules crottes plus petites que des têtes d'épingles !
– C'est des bestioles qui se torchent avec du nylon de pêche !

Le gras est bon pour les artères, si si, ils l'ont dit à la radio !
– Tu crois ce qu'ils disent à la radio toi maintenant ? !
– Oui.
– Pour bouffer du gras t'es prête à écouter n'importe qui, toi ! Quand c'est la guerre elle croit pas, quand c'est le gras elle croit ! Ah je vous jure ! On est bien fichus avec des contribuables pareils !

C'est des fous, les mecs du Klu Klu Klu Klux Klan !
– Qui ?
– Les mecs du Ku Ku Ku Klux Klan !
– C'est Ku Klux Klan le nom.
– Ku Klux Klan ? Ça me paraît court moi…
– C'est Ku Klux Klan, pas Klu Ku Klu Klu Kux Klan !
– J'ai pas dit ça.
– Bref… et après…
– Après rien, c'est des fous, c'est tout !

Elle nous pend au nez, la guerre en Europe !
– Tu sais, ça peut pas être pire que la dernière fois…
– La dernière fois c'était pas en Europe, c'était mondial, là c'est que en Europe !

La racine du nom Dubois, c'est que mes ancêtres habitaient près d'un bois.
– Et Ducon, il habitait où ?
– Pfu…

Il fait de la musculation : à mon avis, il aurait aussi vite fait d'aller chez le boucher !

On y va ?
– Euuuuuuuuuuuh… tout de suite, maintenant ?

Il a eu 16 en mathématiques, mon petit ! 16 il a eu !

Frimeur !

Un Kir à la pêche, s'il vous plaît…
– Pas de pêche.
– A la cerise, alors…
– Pas de cerise non plus…
– A la mûre ?
– …… y me fatigue lui… ici on est pas chez Pinder, le Kir il est au cassis ici…
– Cassis, alors…
– Eh ben voilà ! Un Kir pour l'acrobate, là…

Tiens, v'là la relève !

Alors tu le payes, ton coup, j'ai pas traversé le pont de Sèvres pour des clous ? !
– C'est la dernière fois que je te téléphone !

Merci d'avoir payé le coup.
– J'ai pas payé le coup !
– C'est bien ce que je disais.

Je vous gêne ?
– Non non…
– Parce que moi, monsieur, je n'ai jamais gêné personne, voyez…
– C'est bien.

Bon, allez moi je me casse…
– …
– Bon, allez moi je me casse…
– …
– Bon, allez…
– …
– Bon…
– …
– Rien.

Je vais chercher des sous au distributeur...

Crotte, je m'ai pissé dessus !

On aurait cinq télés, en jeter une ça serait dur, mais là…

Y'a deux choses qui différencient l'homme de l'animal, un c'est la rigolade, et deux c'est le slip !

Je me couche
à cinq heures,
je me lève à six !
J'ai pas besoin
de dormir, moi !

La 5 s'arrête ? Et alors ? Ça va pas faire un trou dans le poste, si ? !

Ça paye en ce moment, d'être en taule ou en exil, ils deviennent tous chefs d'Etat, les mecs !

Et dire qu'avec des fruits de mer pas frais, on aurait pu tuer Hitler…

La musique médiévale, tu parles, elle est médiévale comme moi ta musique ! C'est de la musique que les mecs ont enregistrée hier, et ils font des trous dans les partitions pour faire croire que c'est vioque, et c'est tout !
– T'y connais rien.
– Même pour les meubles ça se fait ! Alors pour trois merdes à la flûte, les mecs vont pas se gêner !

Tu bois quoi ?
– Touche pas !
– Je vais pas te le prendre, je regarde ce que c'est !
– Tu demandes et c'est tout !
– C'est quoi ?
– C'est quoi mon chien ? !
– C'est quoi, René ? !
– Un marc.
– Je m'en doutais à la couleur.
– Alors pourquoi tu demandes ?
– Pour être sûr du coup.

Les mecs se battent avec des épées de vingt kilos, t'imagines le tire-bouchon qu'y avait dessus !

Bon, je vais travailler.
– T'es tombé à côté quand t'étais petit toi !

La Noël, le Nouvel An, tout ça c'est fêtes de curés ! J'y crois pas !

Les mirages, comment expliquer, ce sont des choses fondues qui s'envolent.
– ?
– Pour moi c'est ça.
– Pour toi, mais pour le gouvernement tunisien ?

Tous les immeubles arrêtent le vent, du coup, plus de moulins... si on voulait remettre des moulins, faudrait enlever les immeubles, je sais pas si tu vois...

Je vois...

Tous les jours elle vient ici boire son demi... tous les jours ! Hé... soixante-trois ans...

La guerre du Golfe, ça fait juste un an.
– Et pourquoi ? Le Golfe existe encore ! C'était bien la peine de nous faire chier avec ça !

Tous les hivers ils laissent le métro ouvert pour les sans-abri.
– Tant mieux, parce que c'est pas moi qu'ouvrirais mon taxi !

Ils ont qu'à rentrer chez eux, les sans-abri !

Il a renversé son calva, c'est comme ça qu'il a trouvé la loi de la gravitation du calva !

Dans certains coins reculés de Russie, ils ont une montagne par personne !

Nous c'est les bagnoles, eux c'est les montagnes.

J'ai pas raison ?!
– Si.

Si t'es cancéreux et que t'as pas la sécu, là, mon pote, t'es bien dans la merde...

Tous ces cons qui vont faire du ski, ça donne pas envie d'aller faire du ski avec tous ces cons ! Ah non ! Même pas de la marche à pied dans les sillons !

Elle est morte à cent ans, la grand-mère.
– C'était ça les jeunes avant, ils mouraient à cent ans, maintenant les jeunes, ils meurent à quoi ? Quinze ? Seize ?

Se faire servir à boire est un droit de l'homme !
– C'est ça... c'est ça...

Elle a grossi, la mère Cresson.
– Elle est bouffie.
– Elle doit picoler du Grand Marnier.

Meunier !
Tu dors ?
Ton moulin
ton moulin
A bu ton demi !

On a ce qu'on mérite !
– Moi je devais mériter trois paires de chaussettes parce que j'ai eu ça.

Ils vendent des gâteaux au porte-à-porte ! C'est pas un métier, ça !
– Surtout que les gâteaux, t'aimes pas ça, toi.
– Pas du tout.

Moi j'aime ça, mais y m'en faut pas...

Tu tiens plus la picole ?
– C'est pas ça, faut que j'aille au garage du Quercy à Montrouge.
– Je retire ce que j'ai dit.

Lui il confond toujours sa droite et sa gauche et lui, là, celui du bout, c'est pire : il confond le milieu !

A Chalon, c'est le plus grand professeur pour opérer les membres.

Heureusement qu'y a Mozart et Barbelivien parce que sinon, les autres, y bossent pas beaucoup !

Et ça chante ces merdes-là ?

Mais ?
– !
– Il était pas là cet oiseau hier ?
– Si, et je vous signale que hier, vous n'êtes pas venu.
– Je suis pas venu ?

L'oiseau était là, c'est vous qui n'étiez pas là.
– Et j'étais où ?
– Ça...

Cet oiseau est là depuis deux ans.

C'est quoi ?
– Un bengali.
– Ahhhhhhhh... c'est petit.
– Non. C'est pas gros.

Il était là hier ?
– Oui, monsieur.
– Et moi j'étais pas là ?
– Non monsieur, il y avait le bengali, pas vous.
– C'est un bengali que ça s'appelle ?
– Oui monsieur, comme je disais à l'autre monsieur, c'est un bengali...

Oui, il me l'a dit, un bengali.

Personne n'a jamais eu une seule souris de sa vie, elles sont toujours deux cents au bout d'un moment...

Je connaissais un couple, six ans à la colle ils sont restés, ils se sont mariés, deux mois après ils divorçaient !
– Mais j'en connais aussi, dix-neuf ans ensemble, ils se marient, un mois après, fini !
– Moi c'est pareil j'en connais, après deux jours de mariage c'était fini !
– Ce petit couple que je connaissais donc, six ans à la colle et deux mois après leur mariage le divorce, ils ne se seraient pas mariés…
– C'est pareil ! Dix-neuf ans ensemble, deux jours de mariage et c'est fini, eh ben ils se seraient pas mariés !
– Comme ceux que je connais, après deux jours, fini !
– Six ans à la colle, et là…
– Dix-neuf ans, c'est pas rien non plus !
– Deux jours et crac…
– Remarquez, c'est une question de tempérament, j'en connais qui sont mariés depuis vingt ans et ça va…
– Tiens, moi les voisins, je les ai toujours connus mariés…
– J'en connais, moi, trente ans de mariage ! Faut le faire !
– …
– Y'a plein de cas comme ça dans l'histoire de France…

J'y comprends rien, à leurs trucs, et je cherche même plus à comprendre…

C'est un A-320 qui s'est écrasé à Strasbourg.
– C'est joli, Strasbourg.

Moi, si un jour je prends l'avion, je monte dans la boîte noire !

Quatre heures les secours ont mis à venir, quatre ! Deux fois deux !

Y'en a, plus ils ont une petite bite et plus ils ont une grosse voiture !
– Oui, eh ben y en a d'autres, non seulement ils ont une petite bite, mais en plus ils ont une petite voiture !

J'ai pas soif.
– Et alors ? Qu'est-ce que tu veux que ça me foute ? ! Tu bois quoi ?

Tu me feras pas monter dans un avion qui s'écrase, ah non !

Les mecs sont trop jeunes, y pilotent d'une main...

Quand t'es rescapé d'un coup pareil, c'est un vrai miracle !
– Après, tu crois en Dieu et tu prends le train.

Si tu prends l'avion avec ton piaf et que l'avion s'écrase, le plus con dans l'histoire c'est encore le piaf !

Si t'as le sida et que tu meurs dans un accident d'avion, on peut dire que t'es miraculé !

J'ai vu une fois à la télé un accident filmé.
– Je l'ai vu aussi.
– On voit l'avion qui s'écrase dans les bois.
– Oui, je l'ai vu aussi.
– Le mec qui filme ça, c'est costaud quand même !
– Moi j'ai pas de caméra.
– Ça se loue !

Au moins, avec un accident de bistrot, t'attends pas les secours dans la neige pendant quatre heures, tout de suite t'es foutu dehors !

Accident de bistrot ?
– Ben oui, peau-de-renard…

Nous, on passe à la télé pour deux raisons : soit on est déchiquetés dans un accident, soit on gagne au Millionnaire !

Si t'es dans la merde en haut de la pyramide, tu te débrouilles pour descendre au refuge !

C'est mieux qu'un cancer !

En haut de la pyramide, y'a pas de place pour poser un hélicoptère comme en montagne.

Je mange les trognons de pommes, j'ai été élevé comme ça.

Moi je les écoute comme si c'étaient des insectes, c'est pour ça que je ne comprends rien...

Tu mets des électrodes sur le pâté de tête, du coup le pâté se réveille et il envoie des ondes...

C'est les ploucs, à force d'arracher tous les arbres pour faire des champs de plus en plus grands, qui ont mis le désert partout!
– Tu verrais la plaine à Montereau...
– Y'a plus d'oiseaux! Comme ils peuvent plus se poser sur les arbres, y se posent sur les trains, et adieu Berthe! On les revoit plus!

Le jour faut mettre de la crème de jour et la nuit de la crème de nuit. Pour les nègres c'est le contraire!

Au cinéma t'en as trop et au théâtre t'en as pas assez, des publicités.

Le saucisson, finalement, c'est pratique.

Personne dira jamais que la merde a du goût! Celui qui dira ça, plus personne ne voudra lui parler...

NE voudra lui parler?
– Ben oui... NE voudra lui parler.

Charlot, va!

Dans le pâté de tête industriel t'as au moins cent têtes mélangées, obligatoirement, tu crées une Sur-tête !

Le vaccin c'est sur un sucre, ça fait un canard aux microbes !

Il n'y a pas de chef dans le monde végétal !
– Qu'est-ce que t'en sais, toi ? T'es végétal ? !
– Je le sais !
– Pauv'mec, va...
– Sois poli ! J'ai été poli, sois poli !
– Gros nez !

La critique est facile, l'art est difficile.
Ça dépend de l'art de merde que c'est, aussi...

Dans le mot « solitude », t'as « itude », et « itude » ça veut rien dire ! La moitié du mot « solitude » veut rien dire, alors bon...

C'est marqué partout maintenant que l'abus d'alcool est dangereux pour la santé.
– Ah, j'ai pas vu, moi...

Il a la science inculte, lui.
– Infuse ?
– Oui c'est ça, il est con comme un sachet de thé !

Tout le papier qu'on use à faire des journaux ! Putain ! On l'userait pas ! On aurait moins de journaux ! Putain oui !

Cousteau, pédé !
– ?
– Ah moi, je dis ce que je pense.

T'es con !
– Et alors ? On est en république !

J'y crois pas, à la réincarnation, d'ailleurs à la C.G.T. personne y croit !

Un canard qui louche, pour moi c'est pas Dalida.

J'ai la vue qui baisse.
– T'as qu'à relever la tête !

Ça m'énerve, les intellectuels, mais ça m'énerve !
– Tu fais comme moi, t'écoutes pas.

Je rentrerai si je veux !

Comment il parle à sa femme, celui-là...

A cette heure, et dans cet état...

Il a pas de montre, c'est pour ça.

Combien on doit, là ?
– Houla !

Pose ce verre.
– Et pourquoi que je le poserais ce verre ?
– Il est vide.
– Euh ?

Quelque chose ne va pas ?

Moi je dis, un volailler qui se couche avec les poules ne peut pas faire fortune !

Vos gueules ! Y gratte son « Millionnaire »...
– ....
– *Alors ?*
– ....
– *SUPER !*
– *? ? ? ? ? ? ? ? ?*
– *J'ai...*
– *? ? ? ? ? ? ?*
– *... pas gagné !*
– *Qu'il est con !*

Personne gagne jamais, ceux qu'on voit à la télé c'est des figurants payés la peau d'mes !

Ils font venir Habache à l'hosto alors qu'il est même pas à la sécu, cet enfoiré-là !

Certaines fleurs puent, t'avoueras que des fois on se demande !

Nous on peut pas voler, alors pourquoi on laisse les oiseaux marcher ? !

Si on est trop nombreux sur la terre, toutes les affaires, on n'a qu'à les ranger dedans, ça fera de la place !

Comme les parkings souterrains, on le fait déjà...

Les jeux Olympiques je m'en fous mais la cérémonie c'était beau.
– Pas assez de gonzesses pour moi.
– Ah ?... j'ai pas compté, moi...

Parle pour toi !

Tu verrais chez lui, c'est vieux ! C'est un ver, ce mec, il habite une porte en bois !

Ils appellent ça « le désert blanc ».
– C'est du désert ?
– Mais non, qu'il est con ! C'est la banquise !

Un gouvernement comme celui-là, moi j'en voudrais pas sur mon buffet !

Moi j'aurais offert 35 000 vins chauds, mais tu parles, Mitterrand, il arrive, y s'installe sur les gradins et c'est tout ! L'impolitesse du mec !

Paraît qu'ils ont massacré la moitié de la montagne pour faire leurs jeux à la con !
– Et alors ? Elle a qu'à se défendre, la montagne !

Plus y construisent des routes et plus y'a d'embouteillages !
– C'est la loi du plus.

Tout ce fric dépensé, ben mon con, ça en fait des sous !

Les jeux Olympiques, je regarderai quand ça sera retransmis en couleurs !

Je crois que le plus rapide à ski fait du 220 kilomètres à l'heure.
– Remarque, quand tu sais que la piste elle fait 1 kilomètre, ça fait 219 kilomètres-heure qui servent à rien !

Le mec faisait du ski, il a glissé sur deux bouts de bois qui se sont coincés, et ça a inventé la luge.
– Où t'as lu ça, toi ?
– Où ? Partout !

Comme ça manque de place, y mettent des skieurs n'importe où, dans les granges même !

Dans la soupe !

Comment qu'y tient son balai, çui-là, regarde-le !
– Fous-lui la paix.
– Non mais regarde comment qu'y tient son balai ! Oh ! Toi, là ! Tu balayes ou tu branles Pinocchio ?!
– T'es vraiment con, toi !
– C'est la branlette à Guignol qu'y fait ! Chis mort… gade-le !
– Moi je me casse.
– Gade-le ! Non mais gade-le !

Si tu reçois l'avalanche quand t'es à table dans le chalet, ça fond autour de ton assiette et tu peux sortir par là.
– Sauf si tu mangeais du froid.
– A la montagne on mange du chaud.

C'est des jumelles pour voir loin.
– Et y'a quoi, loin ?
– Ça dépend.

La poésie,
c'est quoi ? !
Des conneries
bien en ordre,
c'est tout !

Au moins,
avec
la poésie, on
sait
où on va…

Tu réfléchis, toi, un peu avant de parler ?!
– Pour ce que je dis...

Un lait fraise.
– Un lait fraise ?
– Oui, un lait fraise.
– Y'a pas de ça, ici ! On connaît pas les vaches avec des fraises dedans, nous !

Des cons, t'en as dans tous les métiers, pourquoi y'en aurait pas chez les chômeurs ?

T'en as dans tous les pays, en France aussi d'ailleurs...

Marche ou crève ! on disait à la légion.
– Et ça veut dire quoi ?
– Ça veut dire, tu marches ou tu crèves.
– Et si tu t'assois ?
– Là je sais pas.

Votre robinet goutte.
– Je sais, c'est exprès.

Les Indiens, dès qu'ils ont plus porté de plumes, y se sont mis à picoler !
– C'est pour ça qu'on porte pas de plumes, nous...

Tu as peut-être UNE *perle sur* UN MILLION *d'huîtres !*
– Elle a gagné au loto, celle-là.

Mac Gyver il est malin, il met des moules pourries au bout de ses flèches.

Les zoos sont toujours en dehors des villes à cause des animaux qui mangent de l'homme...

L'avantage de la soupe de poisson, c'est que le poisson est dans son élément.

On a mangé dans de la porcelaine de Limoges, si, chez ma fille, elle a sorti la porcelaine ma fille !
– Et les verres en cristal.
– Non, quand même pas, on est ses parents, on n'est pas Guy Lux...

Si tu mets une ville dans un œuf, c'est les pauvres qui vont habiter dans le blanc, bien sûr !

Quand t'encules quelqu'un, ça fait DEUX cerveaux qui servent QUE pour ça !

Oh t'as mal dormi, toi...
– Pas dormi...
– T'as pas l'air dans ton assiette.
– Pas mangé.

Tu l'as toujours ?
– Mon briquet à essence, ça fait une vie, ça !
– J'ai jamais réussi à en garder un, moi.
– Les à gaz ?
– Oui, à gaz.
– Le gaz, ça demande qu'à se perdre.

Les skieurs réchauffent la montagne et les glaciers fondent plus vite.
– Sans parler des chauffages dans les chambres !

Qu'est-ce que j'ai mal au genou droit.
– Ah non, ça c'est le gauche.
– Celui-là ? C'est le droit ! Je sais quand même où sont mes genoux !

Vous êtes dessinateur?
– Oui.
– Et vous dessinez quoi?
– Des hippopotames et des abricots.
– ?

Ben mon cochon!

Les jeux de hasard, si tu perds tout le temps, y'a plus de hasard…
– C'est plus des jeux!
– C'est… rien… si au moins on gagnait une fois de temps en temps…
– Faut de la chance.
– Pas besoin de chance si c'est un jeu de hasard!
– Ah bon?
– Ben non! Ça, c'est les jeux de chance. Y'a des gens qui ont pas de chance et le hasard a rien à voir là-dedans.
– Oui… si on veut.
– C'est pas si on veut c'est comme ça! Par contre, tu nais avec de la chance, et ça c'est le hasard!
– En plus t'as de la chance de naître.
– Oui, t'as la chance de naître par hasard avec de la chance.
– Oui…
– Alors tu le grattes ton Tac-O-Tac ou faut que je t'aide?
– … perdu…
– Pas de chance!
– Ou pas de hasard.

Elle est coiffée comme une secrétaire, au moins Rocard il était coiffé normal, avec les cheveux là et là sur le côté, et derrière ici pas trop long… normal quoi, comme je disais… normal…

Une miette, une seule miette, une toute petite miette dans le moteur et la fusée marche plus ! Si t'es terroriste, tu fous un biscuit et ça suffit…

Ces mecs faudrait leur casser la tête !
– Qui ?
– Ces mecs !
– Qui ?
– Ben ces mecs !
– Qui ?
– Les cosmonautes ! Y se prennent pour je sais pas quoi !
– C'est quand même pas rien, ce qu'y font !
– Hein ?! Y bouffent de la soupe comme ça qui vole dans l'air, et c'est tout !

C'est évident qu'une femme Premier ministre ça pouvait pas marcher, même second ministre c'est limite.
– Y'a pas de femme second ministre.
– Oui, bon, disons une femme troisième ministre.

Les avions tombent à cause de la sécheresse de l'air, les caoutchoucs se recroquevillent et paf ça tombe ! Faut mettre sur les ailes des humidificateurs d'air, comme sur les radiateurs. Les radiateurs s'écrasent jamais au sol !

J'ai commandé mon demi y'a au moins quinze jours !

Holà, les rigolos ! Et qui c'est qui me paye là ?
– C'est pas payé ?
– C'est pas payé ?

Vous me garderez l'araignée !

Avec la psychologie tu peux tout comprendre, si ça t'intéresse, évidemment...

C'est des vers qui ont une tête à chaque bout, si tu les coupes en deux ils continuent à habiter ensemble dans le même trou.

Combien je vous dois ?
– C'est payé.

Vous nous remettrez ça...
– Non non, je ferme !
– Vite !
– Non non, on rajoute pas du bois pour éteindre le feu...

Partout on voit des hypermarchés, pourquoi on voit pas des hyperbistrots ?
– Ah ouais, tiens...
– Attention, c'est une idée à moi ! Ça va comme ça, les voleurs d'idées !

Ça y est, la nuit étend son blanc manteau.
– Ho ! C'est pas le moment de s'endormir là !

On ne ferme pas les yeux, ici !

A 14 ans je volais de mes propres ailes, moi, et à mon âge je continue !
– Attention, tu renverses tes graines...

Vous la voulez la boîte, patron ? Cadeau !
– Mais non j'en veux pas, de tes raviolis !
– Si si, tenez, cadeau ! C'est pour vous, cadeau !
– Mais non ! Enlève-moi cette boîte de là !
Reste là ! Ho ! T'en va pas ! Ho ! Ta boîte là !
Ho !... il est gentil mais il est con, celui-là !

ON FERME !

Tiens, rattrape-le
et rends-lui sa boîte.
– Il est parti par où ?
– Laisse, va, je lui
rendrai demain...

Moi je lui ramène chez lui, patron, si vous voulez, je sais où il habite, il habite dans la cité sur le plateau, mais je sais pas le bâtiment...

– Allez, à demain.
– Et si je viens pas ? !
– Allez, à demain.
– A demain...

Et la boîte ?
– Elle va pas s'envoler,
la boîte !
– Vous la gardez, la
boîte ?
– Mais oui je la garde,
la boîte !
– Vous allez la manger,
la boîte ?
– Mais non je vais pas
la manger, la boîte !
– Il vous l'a donnée, si
vous voulez vous pouvez
la manger, la boîte.
– Vous me fatiguez !

C'est quoi ?
– Des raviolis.
– Une fois c'est pareil,
j'avais acheté une boîte...
– NON NON COMMENCEZ PAS
À RACONTER VOTRE VIE LÀ ?

Ça y est, le café ferme. Ça y est, le café est fermé. Le patron ne sait pas le privilège de pouvoir rester seul dans son café fermé. Il ne sait pas les envies qu'il suscite chez les ceux qu'il fout dehors. Il ne sait pas que personne ne sait ce qui se passe dans son café fermé. Il ne sait pas que ça intrigue. Veut pas l'savoir !

Le patron balaye, ça on sait.

Le patron lave, ça on se doute.

Mais après ?

On ne sait pas, on imagine. Le patron s'installe côté client. Pour voir et pour savoir. Il se commande à boire. Pour voir et par devoir. Devoir d'apprentissage du comptoir côté client, devoir de sentir son coude contre le zinc et son genou plié, devoir de tester la pause, de sentir l'air, de changer d'angle ! Le patron tastevine son troquet ! Il dessinerait des voitures, forcément, il monterait dedans. Tiens ! Le boucher de cheval, eh ben, sa fille en fait !

Il se sert un demi. Il observe. Il écoute son robinet goutter. Puis il éteint.

Qui a vu ça ? Personne ! Un café tout éteint !

Les patrons, les salauds, gardent pour eux ce moment de bascule, la main dans le compteur, ils font tomber la nuit. Quel pouvoir ! La nuit vient sur le bar et s'y couche, il rallume, elle s'enfuit ! Il éteint, elle revient, il rallume, elle s'envole. Un jour, il fera plus vite qu'elle, il rallumera avant qu'elle ne fuie. Il la verra là, la nuit, assise sur le zinc, les yeux ouverts, éblouie.

– Faut pas se gêner, dira le patron à la nuit ! On descend de là tout de suite !

Alors la nuit sautera du zinc. Boira son coup debout.

Voilà ce qui se passe dans le café désert. La nuit, derrière les voiles, la nuit picole dans l'ombre, tous les jours !

Dans les chiottes, il y a un peu de dégueulis. C'est pas grave. On dira que c'est la nuit.

Alors je rentre chez moi. Dans la rue qui monte il ne fait pas bien noir. Evidemment ! Quand on sait où est la nuit !

Gourio

Humour

ARTHUR
Arthur censuré
3698/5
De la radio à la télé, rien n'arrête Arthur. Et maintenant un livre, pour retrouver son humour décapant !

BERTRAND JACQUES A.
Tristesse de la Balance...
2711/1

BRAVO CHRISTINE
Les bêtes, petites ou grosses, sont aussi compliquées que nous et leurs amours sont bien difficiles ! C'est ce que révèle la présentatrice vedette de Frou-Frou. Rigoureusement scientifiques, ces romances animales sont irrésistibles.
Les petites bêtes
3104/2
Les grosses bêtes (un érotisme inattendu)
3770/3

DE BURON NICOLE
Les saintes chéries
248/3
Les mésaventures d'une femme en butte à la fatalité quotidienne, ou comment prendre la vie avec bonne humeur quand rien ne va comme vous l'auriez voulu.
Vas-y maman
1031/2
Dix-jours-de-rêve
1481/3
Qui c'est, ce garçon ?
2043/3
C'est quoi, ce petit boulot ?
2880/4
Où sont mes lunettes ?
3297/4
Arrêtez de piquer mes sous !
3652/5
Impôts, cotisations, taxes, prélèvements, vignettes, TVA... c'est trop ! Le ras-le-bol d'une contribuable excédée mais d'un humour à toute épreuve.

COLUCHE
Coluche Président
3750/4

DUROY LIONEL
Priez pour nous
3138/4

HAUSER RÉGIS
Les murs se marrent
3632/4

LAFESSE JEAN-YVES
Petit précis de l'imposture
3253/4 (Avril 95)

LAGAF'
Eclats de rire
3537/3

LEEB MICHEL
Le meilleur de l'humour français
3516/3

LEFEBVRE JEAN
Pourquoi ça n'arrive qu'à moi ?
3193/3 Illustré
Mais qu'est-ce qu'elles me trouvent ?
3507/3

PIEM
Bonne santé mode d'emploi
3609/1
Un abécédaire complet et illustré des maux et tracasseries de la vie quotidienne. Mais Piem a su trouver leurs remèdes.
Petits enfants grands parents... mode d'emploi
3834/2

ROUCAS JEAN
Les roucasseries
3230/4, 3440/4 & 3693/4
3915/4 (Mai 95)

SARRAUTE CLAUDE
Allô Lolotte, c'est Coco
2422/1
Maman coq
2823/3

SIM
Elle est chouette, ma gueule !
1696/3
Tout le monde n'a pas la chance d'avoir la gueule de Sim.
Pour l'humour de Dieu
2001/4
Elles sont chouettes, mes femmes
2264/3
Le Président Balta
2804/4
Ma médecine hilarante
3213/3
Elle était chouette ma France
3586/5
Le penseur
3937/2 (Juin 95)
Drôles ou graves, des maximes qui prouvent, s'il en était besoin, que Sim reste bien le plus chouette de nos humoristes.

TALLEYRAND & GARY
Testez et développez votre stupidité sans peine
3790/3 (Mars 95)

XENAKIS FRANÇOISE
Moi j'aime pas la mer
491/1
Zut, on a encore oublié madame Freud...
2045/2
Mouche-toi, Cléopâtre...
2359/3
La vie exemplaire de Rita Capuchon
2585/3
Chéri, tu viens pour la photo
3040/4

S-F FANTASY

A côté de la Science-Fiction s'est développé un courant romanesque qui participe du conte de fée, du fantastique et du roman d'anticipation. Lovecraft et Abraham Merritt ont ouvert la voie avant-guerre et de nombreux jeunes auteurs ont contribué à en faire un véritable genre. Parmi les meilleurs aujourd'hui, Terry Brooks, Tom de Haven, Nancy Kress, Tanith Lee, James Morrow... et bien sûr Stephen King !

BLAYLOCK JAMES
Homunculus
3052/4 Inédit

BROOKS TERRY
Le glaive de Shannara
3331/8 Inédit
Après la dernière guerre des races, les habitants des Quatre Terres sont parvenus à reconstruire une civilisation. Mais les forces du Mal veillent et, pour empêcher un nouveau désastre, Shea doit s'emparer du glaive de Shannara.
Les pierres des elfes de Shannara
3547/4 Inédit
Royaume magique à vendre !
3667/6
L'enchantement de Shannara
3732/8 Inédit

COCHRAN & MURPHY
Le maître de l'éternité
3814/9 Inédit

CHERRYH C.J.
Les portes d'Ivrel
3631/4
Le puits de Shiuan
3688/5 Inédit

DANIELS LEE
Le vampire de la Sainte Inquisition
3352/4 Inédit

DE HAVEN TOM
Chroniques du vagabond
- D'un monde l'autre
3186/5 Inédit
Parmi les clochards de Crane Park, Jack frappe par son étrangeté. Il prétend être venu d'un monde parallèle par une déchirure de l'atmosphère et se promène avec une guêpe qui lui obéit comme un chien...
- Le Mage de l'Apocalypse
3308/5 Inédit
- Le dernier humain
3556/5 Inédit

DICKSON GORDON R.
Le dragon et le georges
3208/4 Inédit
Une histoire d'amour est-elle vraiment concevable entre une jeune fille et un effroyable dragon ?
Le Chevalier Dragon
3418/7 Inédit
Le dragon à la frontière
3620/6

FERGUSSON BRUCE
L'ombre de ses ailes
3226/5 Inédit
Le creuset des âmes
3474/6 Inédit

HOWARD ROBERT E.
Au cours de ses voyages aventureux à travers l'espace et le temps, Conan, le guerrier aux yeux de saphir, découvre des mondes étranges, hantés par des démons et des sorcières.
Conan le barbare
1449/3 *avec Sprague de Camp*
Conan le destructeur
1689/2 *avec R. Jordan*
Conan
1754/3
Conan le Cimmérien
1825/3
Conan le flibustier
1891/3
Conan le vagabond
1935/3
Conan l'aventurier
2036/3
Conan le guerrier
2120/3
Conan l'usurpateur
2224/3
Conan le conquérant
2468/3
Conan le vengeur
3289/3
Conan le boucanier
3378/3
Conan l'explorateur
3528/3 *avec Sprague de Camp*
Conan le libérateur
3577/3 *avec Sprague de Camp*
Conan l'Aquilonien
3649/3 *avec Sprague de Camp*
Conan le justicier
3710/3 *avec Sprague de Camp*
Conan l'indomptable
3849/3 *avec Steve Perry*
Conan le valeureux
3950/4 *avec John Maddox Roberts* **(Juin 95)**

KRESS NANCY
Le prince de l'aube
3166/4
La flûte ensorceleuse
3600/5

KUBE-McDOWELL M.P.
Projet Diaspora
3496/7 Inédit

S-F FANTASY

LEE Tanith
La déesse voilée
1690/4 Inédit

LOVECRAFT Howard P.
L'affaire C. D. Ward
410/2
Dagon
459/5
A la suite de Dagon et des dieux aveugles et sourds qui gémissent dans le chaos infini, H. P. Lovecraft nous entraîne au cœur de l'horreur. Les derniers textes inédits du maître du fantastique.
Night Ocean
2519/3
Egalement en coffret **FJ 6734**

McMASTER BUJOLD Lois
L'esprit de l'anneau profane
3762/6

MERRITT Abraham
Les habitants du mirage
557/4
Venu d'un autre monde, Leif pénètre par hasard dans la vallée du Mirage, dont les habitants le prennent pour le perfide de Dwayanu. Leif devra affronter Kralk'ru, le dieu monstrueux qui exige des sacrifices humains.
Le gouffre de la lune
618/4
Le visage dans l'abîme
886/4

MOORE Catherine L.
Jirel de Joiry
533/3

MORROW James
Notre mère qui êtes aux cieux
3131/5 Inédit

NORMAN John
Les aventures de Tarl Cabot sur la planète Gor, où règne une civilisation moyenâgeuse, aux mœurs cruelles et raffinées.
Le tarnier de Gor
3168/4
Le banni de Gor
3229/4
Les prêtres-rois de Gor
3351/5
Les nomades de Gor
3435/5
Les assassins de Gor
3497/6 Inédit
Les pirates de Gor
3548/6
Les chasseurs de Gor
3668/7
Les maraudeurs de Gor
3909/6 (Avril 95)

PRATCHETT & GAIMAN
De bons présage
3892/6 (Mars 95)

SADOUL Jacques
Les meilleurs récits de Weird Tales
2556/6

SCHWEITZER Darrell
La déesse fracassée
3495/4 Inédit

SILVERBERG Robert
Lettres de l'Atlantide
3167/2

SIMAK Clifford D.
La planète aux embûches
1588/3
Au pays du Mal
1781/3
La Confrérie du Talisman
2760/4 Inédit
Chargés de remettre un parchemin à l'évêque de Wise, le chevalier Duncan et son fidèle Conrad, entament un périple dangereux aux confins de l'Angleterre. Car personne n'a survécu en Terre de Désolation, ce lieu immonde, hanté par la Horde des Destructeurs.

TEPPER Sheri S.
La belle endormie
3647/8
Une version moderne et poétique de la Belle-au-bois-dormant, située dans l'univers de la Fantasy.

VANCE Jack
Cugel l'astucieux
707/3
Cugel saga
1665/4
Un monde magique
836/2
La Terre se meurt. Un terne soleil rouge n'éclaire plus que faiblement des landes stériles et des ruines hantées par les diaboliques Twk et les Déodands anthropophages, à la peau de cuir noir. Pour éviter le désastre, le jeune magicien Turjan rejoint le grand maître Pandelume, sur Embelyon.
Rhialto le Merveilleux
1890/3 Inédit

WILSON Robert Charles
Les fils du vent
3621/5
Le vaisseau des Voyageurs
3733/8 Inédit (Mai 95)

ZELAZNY & SABERHAGEN
Le trône noir
3456/5 Inédit

ZELAZNY & SHECKLEY
Apportez-moi la tête du Prince Charmant
3504/4 Inédit
A Faust, Faust et demi
3783/5 Inédit

STEPHEN KING

Epouvante, polar, science fiction, Stephen King sait nous faire mourir de peur. Il sait reformuler nos terreurs ancestrales pour les intégrer dans notre environnement technologique. Comme autrefois Edgar Poe ou Lovecraft, le King règne aujourd'hui sur le Fantastique.

Carrie
835/3 (Mars 95)
Shining
1197/5
Danse macabre
1355/4
Cujo
1590/4
Christine
1866/4
Peur bleue
1999/3
A Talker's Mills, paisible bourgade du Maine, le loup-garou revient à chaque pleine lune et dévore sauvagement ses victimes.

Charlie
2089/5
Simetierre
2266/6
Différentes saisons
2434/7
La peau sur les os
2435/4 Polar

Brume
- Paranoïa
2578/4
- La Faucheuse
2579/4

Running Man
2694/3 Polar
Etats-Unis 2025 : une nouvelle tyrannie. Une chaîne unique de télévision et une émission vedette : «La Grande Traque». Les yeux rivés sur le petit écran, le peuple regarde la mort en direct.

ÇA
2892/6, 2893/6 & 2894/6
également en coffret FJ 6904
Qu'ont-ils vu qui aurait rendu les autres fous ? Quelle chose innommable ? Quoi que ce fut, c'était là de nouveau... ÇA ! l'ordure aux cent têtes.

Les Tommyknockers
3384/4, 3385/4 & 3386/4
également en coffret FJ 6659
Jim a peur pour Bobbi. Quelque chose d'étrange se passe à Haven. Tard, la nuit dernière les Tommyknockers sont arrivés... Le grand cirque de l'épouvante peut commencer.

La tour sombre
- Le pistolero
2950/3 Science-Fiction
Deux hommes marchent dans un désert calciné, cruel, aveuglant. L'un pourchasse l'autre. Mais le gibier n'est peut-être pas celui qu'on croit.
- Les trois cartes
3037/7 Science-Fiction
- Terres perdues
3243/7 Science-Fiction

Misery
3112/6
Marche ou crève
3203/5 Polar
Le Fléau
Edition intégrale
3311/6, 3312/6 & 3313/6,
également en coffret FJ 6616
On avait cru d'abord à une banale épidémie de grippe. Mais quand les cadavres jonchèrent les routes, il fallut se rendre à l'évidence : le Fléau n'épargnerait personne.

Rage
3439/3 Polar
A neuf heures vingt, après un entretien destroy, Charlie met le feu aux vestiaires du collège. Puis, il flingue le prof d'algèbre. Charlie se sent bien : il est allé jusqu'au bout.

Chantier
2974/6 Polar
Minuit 2
3529/7
Après minuit, tout bascule. Le temps se courbe et s'étire, se replie ou se brise en emportant un morceau de réel. Après minuit, l'heure où l'on peut rencontrer le pire !

Minuit 4
3670/8
Après *Minuit 2*, le maître de l'épouvante récidive : deux nouveaux cauchemars à vous glacer le sang !

Bazaar
3817/7 & 3818/7

J'AI LU BD

Franquin

Il y a toujours des bulles dans le cocktail J'ai lu BD.
En octobre 1986, J'ai lu fait la révolution en lançant une collection de BD au format de poche. Succès sans précédent ! Chaque année, au festival d'Angoulême, les fans s'arrachent les petits volumes où sont maintenant tous les grands de la BD.
Dans la collection J'ai lu BD, pas de réduction des images : les dessins sont remontés un à un, pour le plaisir de l'amateur. Et la qualité du papier permet une reproduction fidèle des couleurs de l'édition originale.
J'ai lu BD réduit les prix, pas les images.

André Franquin est l'un des trois grands de la BD d'humour franco-belge avec Hergé et Morris. Avec Spirou, puis Gaston, Franquin a réussi à faire rire des publics de tous les âges.

Idées noires
BD1/3

Gaston Lagaffe

Couleur
Les plus fameuses gaffes jamais commises.

1 - Gala de gaffes
BD17/3
2 - Gaffes à gogo
BD39/3
3 - Le bureau des gaffes
BD70/3
4 - Gaffes en gros
BD100/3
5 - Gare aux gaffes
BD126/3
6 - Gaffes d'un gars gonflé
BD152/3
7 - En direct du passé de Lagaffe
BD173/3
8 - De gaffes en Lagaffe
BD190/3
9 - Lagaffe fait des dégâts
BD208/3
10 - Lagaffe, gaffeur
BD221/3
11 - Lagaffe, sachant gaffer
BD229/3
12 - Gâté, Lagaffe
BD240/3
13 - De gaffes en pire
BD250/3
14 - Le gars Lagaffe
BD260/3
15 - Gaffes géantes
BD269/3
16 - Méga gaffes
BD275/3
17 - Gaffes et bévues
BD281/3 (Mai 95)

Spirou

Couleur

- Le nid des Marsupilamis
BD186/5
- Les voleurs du Marsupilami
BD200/6
- Il y a un sorcier à Champignac
BD215/6
- Le voyageur du Mésozoïque
BD223/6
- Le gorille a bonne mine
BD245/5
- Le repaire de la Murène
BD256/5
- Virus
BD270/4 (par Tome & Janry)
- Qui arrêtera Cyanure ?
BD273/4 (par Tome & Janry)
- Aventure en Australie
BD278/4 (par Tome & Janry) (Mars 95)

JUNIOR

Les grands classiques de la BD pour enfants de 7 à 77 ans.

ARNAL C.
Pif le chien
BD81/4 Couleur
Le chien le plus célèbre de la BD dans la version d'Arnal, son créateur.

DEGOTTE
Les motards
BD201/3
Et les motards, mon cher Watson...
BD210/3

LAMBIL & CAUVIN
Les tuniques bleues
- Les bleus de la marine
BD154/4 Couleur
- Des bleus en noir et blanc
BD179/5 Couleur

MARTIN
Alix
- Les légions perdues
BD68/6 Couleur
L'Antiquité gréco-romaine reconstituée, au travers des aventures d'un Gaulois intrépide.
- L'enfant grec
BD218/5 Couleur

QUINO
Mafalda
Petite fille lucide, Mafalda pose au monde des adultes bien des questions gênantes...
- Le monde de Mafalda
BD198/3
- Le petit frère de Mafalda
BD214/4
- La famille de Mafalda
BD259/4

TABARY
L'enfance d'Iznogoud
BD9/5 Couleur

WALTHERY
Natacha
Les voyages palpitants de l'hôtesse de l'air la plus mignonne, la plus débrouillarde et la plus courageuse de la BD pour enfants.
- La mémoire de métal
BD101/4 Couleur
- Double vol
BD151/4 Couleur
- L'île d'outre-monde
BD206/4 Couleur

AVENTURES ET FICTIONS

Sous ce titre, des BD de S-F et de fantasy, mais aussi des BD historiques ou d'aventures .

COMÈS
La belette
BD99/5

FRED
Magique Palace Hôtel
BD72/4

JODOROWSKI & MOEBIUS
L'Incal/Ce qui est en bas
BD139/5 Couleur

MAZZUCCHELLI
Batman/Souriez !
BD 176/5 Couleur

NOWLAND & BARR
Batman/
L'œil du serpent
BD217/5 Couleur

PRATT
Corto Maltese
Le must de la grande aventure : Corto Maltese, héros désabusé, est devenu un personnage de légende.
- La ballade de la mer salée
BD11/6
- Sous le signe du Capricorne
BD63/6
- Les Celtiques
BD174/6

SCHETTER
Cargo/L'écume de Surabaya
BD57/5 Couleur

SERVAIS & DEWAMME
Tendre Violette
BD42/5

TARDI
Adèle Blanc-Sec
- Le démon de la tour Eiffel
BD56/4
- Le savant fou
BD120/4

TARDY & FOREST
Ici même
BD62/6

HUMOUR

Une sélection d'ouvrages d'humoristes (Morchoisne, Serre...) et de BD classiques. L'absurde, la dérision ou la satire sociale : toute la gamme du rire !

AUTHEMAN

Qu'est-ce qu'elles ont les filles ?
BD258/4

BAKER

Comment vivre avec un chat névrotique
BD246/3

Comment vivre avec un maître névrotique
BD271/3

BINET

Les Bidochon

La radioscopie cruelle et hilarante d'une famille exemplaire de Français moyens, et celle de leur chien.

1 - Roman d'amour
BD4/3

2 -... en vacances
BD48/3

3 -... en HLM
BD104/3

4 - Maison, sucrée maison
BD121/3

5 - Ragots intimes
BD150/3

6 - ... en voyage organisé
BD183/3

7 - Assujettis sociaux
BD205/3

8 - Vent du soir
BD231/3

9 - Les fous sont lâchés
BD262/3

10 - Usagers de la route
BD272/3

11 - Matin, midi et soir
BD279/3 (Mars 95)

Les Bidochon se donnent en spectacle *(la pièce)*
BD189/4

Kador
BD88/3 ,BD192/3 et BD224/3

Forum
BD237/3

Propos irresponsables - 1
BD248/3

BRUNEL

Pastiches

Ecole franco-belge - 2
BD211/5 Coul.

CABU

Les nouveaux beaufs sont arrivés !
BD268/4

COYOTE

Litteul Kévin
BD276/3

DEBARRE

Joe Bar Team
BD274/3

EDIKA

Le non-sens et l'absurde poussés jusqu'au délire.

Débiloff profondikoum
BD38/3

Yeah !
BD188/3

Absurdomanies
BD216/3

Désirs exacerbés
BD232/3

Happy ends
BD251/3

Tsháw !
BD266/3

GELUCK

Le chat *(1, 2, 3)*
BD142/3, BD230/3, BD253/3

Le chat le plus stupide ou le plus génial, mais en tout cas le plus drôle de la francophonie.

GOOSSENS

Le romantisme à la valise est revenu
BD213/3

GOTLIB

Voir page 26

De Pervers Pépère à Gai-Luron, Gotlib n'en finit pas de nous faire hurler de rire.

Pervers Pépère
BD8/3

Rhââ Lovely
BD21/3 & BD55/3

Gai-Luron

1 - ... ou la joie de vivre
BD43/3

2 - ... en écrase méchamment
BD75/3

3 - ... rit de se voir si beau en ce miroir
BD169/3

4 - ... et le jeune lecteur du Var
BD209/3

5 - ... fait rien qu'à copier
BD238/3

Hamster Jovial et ses louveteaux
BD83/2

Rhâ-gnagna
BD159/3

Ecrits fluides, rires glaciaux
BD226/4

GOTLIB & ALEXIS

Dans la joie jusqu'au cou
BD93/3

GOTLIB & LOB

Superdupont/Oui nide iou
BD244/3

HUMOUR

HARDY & CAUVIN
Pierre Tombal
A fréquenter Pierre Tombal, même les cimetières vous paraîtront drôles.
- Les 44 premiers trous
BD182/3
- Des os pilants
BD255/3

LELONG
Carmen Cru
- La dame de fer
BD64/3
- Vie et mœurs
BD119/3
- Ni dieu ni maître
BD180/3
- L'écorchée vive
BD219/3

LUCQUES
Best of Zizi
BD177/3

MAESTER
Athanagor Wurlitzer/ Obsédé sexuel
BD202/3 & BD234/3
Sœur Marie-Thérèse des Batignolles (1, 2, 3)
BD220/3, BD242/3 & BD264/3

MENDENHALL
Lois de la thermodynamique du chat
BD277/1

MORCHOISNE MULATIER & RICORD
Ces Grandes Gueules de la télé
BD170/5 Couleur

PETILLON
Jack Palmer/Un détective dans le yucca
BD239/6 Couleur

PTILUC
Pacush blues/Destin farceur
- Crescendo
BD147/5 Couleur, Edition grignotée
- Decrescendo
BD263/5 Couleur

QUINO
Mafalda
Petite fille lucide, Mafalda pose au monde des adultes bien des questions gênantes...
- Le monde de Mafalda
BD198/3
- Le petit frère de Mafalda
BD214/4
- La famille de Mafalda
BD259/4

SERRE
Des chefs-d'œuvre d'humour grinçant.
Les meilleurs dessins
BD6/5 Couleur
Humour noir
BD35/5 Couleur
A tombeau ouvert
BD86/5 Couleur
Sport en Serre
BD261/5

TRONCHET
Raymond Calbuth
BD193/4 Couleur
Jean-Claude Tergal garde le moral
BD254/3

VEYRON
L'amour propre
BD7/5 Couleur
Ce n'est plus le peuple qui gronde...
BD243/6 Couleur

VINER & REMKIEWICZ
Pour en finir avec tout chat
BD265/3
En famille, les chats sont souvent plus malheureux qu'on croit : injustice, brimades, vexations en tout genre... Si le vôtre, par vengeance, a décidé d'en finir, offrez lui ce petit guide, en forme de suicide-mode d'emploi. A mourir de rire !

VUILLEMIN
Les sales blagues de l'Echo
BD227/6 Couleur
Tragiques destins
BD247/6 Couleur

VUILLEMIN & BERROYER
Raoul Teigneux contre les Druzes
BD267/4

WOLINSKI
Scoopette, la nympho de l'info
BD280/3 (Mai 95)

COLLECTIF
La bande à Renaud
BD76/4
Baston
BD136/4

ADULTE

L'érotisme et la BD ont toujours fait bon ménage. Mais aujourd'hui on est allé beaucoup plus loin. C'est pourquoi certains de nos livres sont vendus sous film plastique pour éviter de choquer les jeunes regards.

BRUNEL
Pastiches
Ecole franco-belge - 2
BD211/5 Couleur

COLLECTIF
Parodies
BD175/4

GILLON
La survivante
BD111/6 Couleur

LACAMP, GALLIAND & BORDIER
Fleur de prunus...
BD235/6 Couleur

LUCQUES
Best of Zizi
BD177/3

MANARA
Le crayon le plus sensuel de la BD au service d'une inspiration érotique torride.

HP et Guiseppe Bergman
BD20/5
Le déclic
BD31/4
Le déclic-2
BD252/4
Le parfum de l'invisible
BD105/4 (Edition parfumée)
Rêver, peut-être
BD199/6
Candide caméra
BD241/4

VAN DEN BOOGAARD
Léon-la-Terreur s'en balance
BD249/5 Couleur

VARENNE
Erma Jaguar
Les mystères de la très belle Erma en troubleront plus d'un ! Les esthètes apprécieront.

1 - Erma Jaguar
BD191/4
2 - Les noces d'Erma
BD257/4

VEYRON
L'amour propre
BD7/5 (Couleur)
Les aventures érotiques d'un jeune homme de bonne famille à la recherche du point G. Une satire qui est un best-seller.

3978

Composition Interligne B-Liège
Achevé d'imprimer en Europe (France)
par Brodard et Taupin à La Flèche (Sarthe)
le 26 avril 1995. 6180 L-5
Dépôt légal avril 1995. ISBN 2-277-23978-X

Éditions J'ai lu
27, rue Cassette, 75006 Paris
Diffusion France et étranger : Flammarion